유아교육의 본질

Essence of Early Childhood Education

교육과 보육, 돌봄 그리고 학교

권정윤 정미라 강수경 이방실 공저

YANGSEOWON
양서원

이 책은 유아교육연구 45권 4호에 개재된 〈우리나라 유아교육, 보육, 돌봄의 개념에 대한 고찰 – 통합의 관점을 중심으로 –〉, 〈유보통합 정책분석을 통한 미래 영유아학교 정체성 탐색〉에 기초하여 재구성 및 확장된 원고임을 밝힙니다.

'학회 창립 50주년 기념 시리즈'를 출간하며

1975년 10월, 우리나라 유아교육 분야에서 최초로 창립된 사단법인 한국유아교육학회는 지난 반세기 동안 한국유아교육의 정체성을 확립하고 국내 · 외 학문 공동체와의 교류와 소통을 지속적으로 넓혀왔습니다. 창립 50주년을 맞이한 2025년 오늘, 우리는 학회의 오랜 역사와 전통을 돌아보며, 그 안에 담긴 선배 학자들의 헌신과 열정을 깊이 성찰하게 됩니다.

우리 학회는 가장 오랜 역사와 전통을 지닌 대표 학회로서 학문적 책임과 사회적 책무를 다하기 위해 1995년부터 5년마다 「유아교육 백서」를 발간하여 국가적 통계와 기초 자료가 부족하던 시기에 한국유아교육의 동향을 정리하고 국가정책 수립의 기초 자료를 제공하였습니다. 이후 2019년부터는 시대의 변화를 반영하여 「유아교육 디딤돌 시리즈」로 새롭게 전환하여 학문적 탐구와 현장 실천을 잇는 중요한 역할을 수행해 왔습니다.

2019년 5월 「유아교육 디딤돌 시리즈」 제1권을 시작으로 2021년 8월까지 총 10권을 발간하였으며, 이어 2022년 6월부터 2024년까지는 「유아교육 디딤돌 시리즈 Ⅱ」로 5권을 추가 출간하였습니다. 2024년 제24대 회장단 출범 이후에는 그 형식과 내용을 학회 창립 50주년을 기념하는 책자로 구성하는 것이 필요하다는 의견을 모아, 「학회 창립 50주년 기념 시리즈」로 4권의 책을 기획, 출간하게 되었습니다.

1권 「한국유아교육학회 50년 기억과 기록」은 학회 창립 이전의 역사부터 학회가 걸어온 발전의 여정, 그리고 미래 비전을 담고 있습니다. 제1부는 '한국유아교육학회 창립 전, 한국유아교육학의 역사', 제2부는 '한국유아교육학회, 창립과 발전의 여정', 제3부는 '한국유아교육학회, 걸어온 길과 나아갈 길'로 구성되었습니다. 이 저서는 지난 50여 년의 학회 여정을 성찰하고, 새로운 50년을 준비하는 소중한 기록물이 될 것입니다. 이와 함께 우리 학회가 걸어온 길이 곧 한국유아교육의 성장과 발전의 역사였음을 깊이 새기게 될 것입니다.

2권 「한국유아교육학 성립과 발전」은 한국유아교육학의 근원으로부터 학문의 성립과 발전 과정을 탐구하고, 더 나아가 미래 과제를 조명하고 있습니다. 제1장은 '학문의 시작과 유아교육학의 태동', 제2장은 '유아교육학의 발전과 인접학문', 제3장은 '한국유아교육 교과영역 연구의 확장과 통합적 접근', 제4장은 '기술 통계를 활용하여 살펴본 유아교육 연구 동향', 제5장은 '토픽 모델링 분석을 통해 살펴본 유아교육 연구 동향'으로 구성하였습니다. 이 저서는 한국유아교육학의 정체성과 학문적 기반을 체계적으로 정리할 뿐 아니라, 변화하는 연구 패러다임과 주제를 성찰하는 귀중한 자료가 될 것입니다. 또한 한국유아교육학이 한층 도약하고 발전해 가는 계기를 마련할 것으로 기대됩니다.

3권 「유아교육의 본질: 교육과 보육, 돌봄 그리고 학교」는 유아교육에서 교육과 돌봄, 그리고 학교의 근본적 의미와 본질을 심층적으로 탐구하고 추구해 가야 할 방향을 제시하고 있습니다. 제1장은 '사회적 변화에 따른 유아교육의 개념 이해', 제2장은 '사회적 변화에 따른 보육과 돌봄의 개념

이해', 제3장은 '유보통합과 생애초기 학교의 정체성'으로 구성하였습니다. 이 저서는 유보통합 논의가 활발히 전개되는 시대적 맥락에서 유아교육의 본질을 다시금 성찰하게 함으로써, 학문적 · 정책적 논의의 중요한 기초 자료가 될 것입니다. 나아가 유아교육이 지향해야 할 가치와 목표를 명확히 함으로써, 교육 · 보육 · 돌봄의 긴밀한 연계 속에서 놀이 중심의 학교 체제를 정립해 가는 이정표를 제시할 것으로 기대됩니다.

4권 「다학문적 접근으로 본 유아교육」은 사회학, 사회복지학, 행정학, 심리학, 신경과학, 교육공학 등 인접 학문과의 통섭적 관점을 통해 유아교육의 확장 가능성을 모색하고 있습니다. 제1부는 '사회 문제 및 제도', 제2부는 '인간 발달 및 교육'으로 구성하였습니다. 이 저서는 유아교육을 다학문적 융합 속에서 총체적으로 조망함으로써 한국유아교육의 학문적 토대를 더욱 풍부하게 할 것입니다. 나아가 유아교육이 사회적 의미와 미래적 가치를 확장하는 데 기여할 것으로 기대됩니다.

무엇보다 이번에 출간된 4권의 「학회 창립 50주년 기념 시리즈」가 우리 학회가 걸어온 50년의 발자취 위에서, 새로운 50년의 도약을 향해 힘차게 나아가는 여정의 마중물이 되기를 바랍니다. 끝으로, 이번 책자의 기획에서 발간까지 헌신을 아끼지 않으신 임수진 50주년 준비 TF 위원장과 기획이사님들께 깊은 감사의 말씀을 드립니다. 또한 각 권의 책임 집필을 맡아 사명감으로 열정을 다해주신 김영옥, 김낙흥, 권정윤 교수님, 그리고 함께 집필에 참여해주신 모든 공동 저자분들께도 진심 어린 감사의 인사를 드립니다.

한국유아교육학회가 'NEXT 50년'을 향해 더 큰 성취와 발전을 이루어 나가기를 기대합니다. 감사합니다.

2025년 8월

24대 사단법인 한국유아교육학회

회장 **고 영 미**

이 책에서는 유아교육의 본질을 탐구하기 위해 교육과 보육, 보호, 돌봄 등의 용어를 사용하였다. 용어의 사용에서 저자들은 유아교육과 보육은 기존의 개념을 가지고 사용하였다. 보호와 돌봄의 용어의 경우 여러 가지 관점에서 사용하였는데, 외국에서 education과 care의 ECEC 용어를 한국어로 번역하는 경우 사용된 보호의 용어를 사용하였고, 우리나라 유아교육이나 유아학교의 법적인 정의에서 사용된 경우 동일한 보호의 용어를 사용하였다. 또한, 돌봄의 용어는 영유아의 신체적, 정서적, 사회적 요구에 민감하게 반응하고 지원하는 포괄적인 의미로 사용하고자 하였으나 각 장마다 그 의미는 맥락에 따라 조금씩 다를 수 있음을 밝혀둔다.

들어가는 말

우리나라는 예로부터 자녀의 교육을 중요시하는 전통을 가지고 있다. 특히 인간의 기초가 형성되는 초기 영유아기 교육을 강조하였다. 인간의 형성은 출생 이전부터 시작된다고 보아 태교를 중시하여, 태교신기를 통해 "뱃속 열 달이 출생 후 10년의 가르침보다 더 중요"하다고 보았다(이사주당, 유희, 조선 정조 24년). 아이가 태어나면 대문에 금줄을 거는 풍습도 있었는데, 이는 아이가 태어난 집에 외부인의 방문을 제한함으로써 신생아가 있는 장소의 위생과 안전을 고려하고, 아이의 건강과 평안을 기원하는 것이었다. 또한 우리사회에서 전해 내려오는 "세 살 버릇 여든 간다"는 속담에서 '세 살'은 인생의 초기인 영유아기를 상징하고, '여든'은 인생의 전 시기를 의미하는 것이다. 이 속담의 의미는 사람의 성격이나 버릇은 어린 시절에 대부분 형성되며, 초기에 형성된 습관은 쉽게 바뀌지 않고, 평생 지속된다는 교훈이다. 이러한 문화를 통해 과거 우리 선조들은 오래전부터 인간의 인격과 능력은 수태되는 순간부터 시작된다고 보아 임신기부터 태교를 시작으로 영유아기 일상생활의 다양한 경험을 통한 교육을 중요하게 생각했던 것으로 이해할 수 있다.

한국사회의 이런 전통은 유치원과 보육시설의 발달 과정과도 연계된다. 우리나라에서 유아기 교육을 담당하는 기관인 유치원은 민간이 중심이 된 사립기관으로 시작하였다. 당시 우리나라에 거주하던 일본인 자녀를 위해 세워진 유치원을 제외하더라도 한국인 유아들을 위해 서울(1910년 정동유치원, 1913년 경성유치원)과 함경도(1909년 나남유치원) 등에 세워진 유치원은 모두 사립기관이었다. 그 시기 우리나라 사회 경제적 상황을 고려할 때 국가지원이 없는 상태에서 공교육기관도 아닌 유치원이 개인에 의해 설립되고 운영될 수 있었던 이유는 자녀 교육의 중요성을 알고, 이를 위한 전문적인 기관이라면 재정부담이 있다 할지라도 지원하려는 부모의 교육열이 높았기 때문이다. 반면 공립유치원은 1976년에야 초등학교 병설유치원의 형태로 처음 설립되었다. 초기 사립유치원 설립 이후 65년이나 지난 시기였다. 이후 공립 유치원은 1982년 정부의 유아교육진흥종합계획(유아교육진흥법, 1982)에 따라 본격적으로 증가하였으나 2025년 현재에도 우리나라 유치원에 재원하고 있는 유아의 수를 기준으로 할 때 공립유치원의 분담률은 약 30% 정도에 머물고 있다(교육부, 2024, 유치원 현황).

우리나라 초등학교 의무교육이 1952년 4월 「교육법 시행령」 공포로 시작되었고, 중학교 의무교육은 1984년 8월 시작되어 1994년 읍면 지역까지 전면 확대된 것과 비교할 때, 공교육으로서 유아교육에 대한 국가의 지원은 매우 늦었다. 그 이유를 비교할 때, 여러 가지가 있겠으나 가장 중요한 것은 한편으로는 국가가 국민 기본교육인 초 · 중등교육을 위한 공교육체제를 확립하기까지 시간이 필요했기 때문이고, 다른 한편으로는 이미 설립, 운영되고 있는 많은 사립기관에 의해 유아교육에 대한 사회적 수요가 어느 정도 충족되었기 때문이었다. 다만 사립유치원의 높은 비용부담으로 인해 모든 유아들이 보편적으로 그 혜택을 누리지 못하는 것이 문제였다. 이에 국가는 유아교육의 공교육화를 실현하기 위해 한편으로는 새로운 공립교육시설을 추가 설립하고, 다른 한편으로는 기존에 이미 설립 · 운영되고 있는 사립기관에 운영비를 지원함으로써 유아교육비에 대한 부모 부담을 낮추어 공교육화하는 정책에 중점을 두게 되었다. 이와 함께 국가는 유아교육을 위한 법적, 행정적 체제를 정비하고, 교육과정 운영을 지원함으로써 질적 수준을 관리하였다.

유치원의 발달과정에서 중요한 법적 근거는 1949년 공포된 교육법이 최초의 법령이다. 이 법에 따르면 유치원은 국민을 교육시키기 위해 설치된 학교(제81조)로서, "유아를 보육하고 적당한 환경을 조성하여 심신의 발육을 조장하는 것을 목적(제146조)으로 한다"라고 규정되어 있다. 여기서 주목할 수 있는 점은 초기 유치원의 성격에서 강조된 점은 유치원은 교육기관인 학교라는 점은 분명히 하였으나, 교육과 보육적인 기능은 엄격히 구분되지 않았다는 점이다. 당시 유치원[1]은 만 4~5세 유아들에게 필요한 보육과 교육을 총체적으로 지원하기 위한 학교로서의 체제를 갖춘 교육기관이었다. 이러한 점은 당시 유치원교사를 양성하던 대학의 학과명이 보육과[2]였음을 통해서도 엿볼 수 있다. 결국 우리사회에 설립된 초기 유치원은 유아기 자녀를 둔 부모의 교육열에 의해 수익자부담으로 시작되었으며, 교육과 보육을 통합한 넓은 의미의 교육을 실시하는 학교로서 위상을 갖춘 기관이었다.

한편 우리나라 보육시설도 유치원과 비슷한 1920년대 초에 처음으로 설립되었다. 1921년 서울 태화사회관에서 취업모의 자녀보육을 담당하기 위해 설립된 탁아소(託兒所)가 최초의 보육시설이다. 따라서 탁아소는 사회 저소득 계층 여성 노동자 자녀의 위탁 양육을 위한 기관으로 당시 유치원과

1) 1949년 교육법 제148조는 유치원에 입원할 수 있는 자는 만 4세부터 국민학교 취학시기에 달하기까지의 유아로 한다고 규정하고 있다.

2) 덕성여대는 1979년, 중앙대는 1982년에 학과명을 보육과에서 유아교육과로 바꾸었으며, 이화여대는 1984년에 학령전교육을 유아교육으로 명칭 변경하였다.

는 그 역할과 대상에서 차이가 났다. 게다가 초기 탁아소는 시설이나 설비가 열악함은 물론 교사자격 수준이나 기관 명칭이 가진 한계로 인해 사회적 확산이 어려웠다. 탁아소라는 명칭은 단순히 아이들을 맡아서 돌보는 장소라는 인상을 주었기 때문에, 일반 부모들은 기관 이용을 주저하였다. 이에 탁아소라는 명칭이 갖는 한계를 극복하기 위해 다양한 노력이 있었으며, 정부는 1968년 탁아소를 어린이집으로 명칭 변경하고, 1991년 영유아보육법을 제정하면서 어린이집의 수는 급격히 증가하였다. 여기서 알 수 있듯이 우리사회 부모들은 그들이 사회활동 참여 등으로 자녀양육에 대한 외부지원이 필요할 경우에도 자녀를 위한 단순한 보호나 보살핌에 만족하지 않고 수준 높은 교육과 양육을 요구했던 것이다. 이러한 이유로 초기에 설립된 유치원과 어린이집은 설립 취지나 대상에서 일부 차이도 있었으나 기능적인 면에서는 유사한 점이 많았다.

이상과 같은 역사를 통해 발전해 온 우리나라 유치원과 보육시설의 주요 기능은 각 기관에 대한 관련법이 제정되고 관할 정부행정부처가 분리되면서 오히려 그 특성이나 역할에서 차이가 커지게 되었다. 1982년 발표되었던 유아교육진흥 종합계획에서 유치원은 교육기능, 새마을유아원(현재의 어린이집)은 보육기능에 중점을 둔다고 명시하였고, 그 결과 두 기관의 기능은 분명히 구분되고 이원화되었다. 이후 영유아보육법에서 밝힌 어린이집의 주요 목적은 '영유아의 심신을 보호하고 건전하게 교육하여 건강한 사회구성원으로 육성함과 아울러 보호자의 경제적 · 사회적 활동이 원활하게 이루어지도록' 하는 것이었다(영유아보육법, 1991).[3] 영유아보육법(2004)에 따르면

3) 1991년 제정된 영유아보육법에 따르면 "보육시설은 보호자가 근로 또는 질병 기타 사정으로 영유아를 보호하기 어려운 경우에 보호자의 위탁을 받아 영유아를 보육하는 시설로 영아 및 유아를 심신의 보호와 건전한 교육을 통하여 건강한 사회성원으로 육성함과 아울러 보호자의 경제적 · 사회적 활동을 원활하게 하여 가정복지증진에 기여함을 목적으로 한다"고 규정함으로써 주요목적은 유아기자녀 보호와 보호자의 경제적, 사회적 활동 지원이다.

어린이집은 '사회복지시설시설'로 보호자의 위탁을 받아 영유아를 보육[4] 하는 기관으로, 다시 말하면 어린이집은 일차적으로 취업모의 자녀 보육에 중점을 두게 되었다.

한편 2004년에 제정된 유아교육법에서는 유치원과 어린이집과의 차별화를 위하여 유치원은 유아의 교육을 위하여 설립 · 운영되는 학교로 정의되었으며, 그 목적을 과거 보육(교육법 1947년)에서 교육으로 변경하였다(유아교육법, 2004, 제2조[5]). 이와 같이 유아교육과 보육에 관한 법적 근거로 인해 어린이집과 유치원의 기능적 차이는 더욱 분명해졌고 두 기관의 역할은 구분되었다. 이와 같이 두 기관의 법적 체계를 공고히 하기 위한 유아교육법과 영유아보육법은 우리나라 유아교육과 보육의 제도적 이원화를 명시적으로 나타내게 되었다(이옥 외, 2006) 즉, 유치원은 3~5세 유아를 위한 교육기관인 학교이고, 어린이집은 0~5세 영유아의 보호와 교육을 통합 실시하는 복지시설로 이원화된 것이다.

그러나 2000년대에 들어와 그동안 서로 다른 역할과 특징을 가졌던 유치원과 어린이집의 기능은 다시 연계되고 통합될 필요성이 증가하였다. 이러한 변화를 주도한 이유는 크게 두 가지로, 하나는 유아의 보육과 교육에 대한 세계적인 추세의 영향이고, 다른 하나는 우리사회 변화에 따른 것이다. 세계적인 추세와 관련해서 OECD 가입국들은 자국의 인재 양성을 위해 초등학교 이전 시기인 유아교육의 체제를 정비하고 질적 수준을 높이기 위해 본격적으로 노력하였다. 이러한 국가들은 의무교육연령 이전 유아를

4) 여기서 '보육'이라 함은 영유아를 건강하고 안전하게 보호 · 양육하고 영유아의 발달특성에 적합한 교육을 제공하는 사회복지서비스"를 말한다.

5) 1949년 교육법에서 유치원은 "유아를 보육하고 적당한 환경을 주어 심신의 발육을 조장하는 것을 목적으로 한다"(1949년 교육법 제146조)고 규정되었으나, 2004년 제정된 유아교육법에서는 "유치원이라 함은 유아의 교육을 위하여 이 법에 따라 설립 · 운영되는 학교를 말한다"(2004년 유아교육법 제2조)고 규정함으로써, 강조점이 바뀌었다.

위한 질적 서비스는 교육과 보호가 분리되지 않고, 함께 통합되어야 함을 강조하였다. 이러한 의미에서 OECD가입국들은 유아교육과 보육을 연계하는 의미로 'ECEC(Early Childhood Education & Care)'라는 용어를 공식적으로 사용하였고, 발달과 교육에 대한 아동의 권리가 영유아를 위한 모든 서비스에서 우선순위로 고려되어져야 함을 강조하였다(OECD, 2006). 이러한 세계 각국의 변화는 우리나라 유아교육과 보육에도 많은 영향을 주었다.

물론 우리사회의 다양한 특성과 요구도 유아교육과 보육으로 이원화된 유아교육체제 변화에 영향을 주었다. 2000년 이후 우리사회의 가족구조의 변화나 여성의 사회참여율 증가는 물론 뇌과학 분야의 연구는 생애초기 영유아기의 질 높은 교육과 양육의 중요성을 강조하게 되었다. 당시 우리사회에서 가장 강조된 점은 국가나 사회는 부모가 "집과 가깝고, 질 높은 유아교육기관에서 내가 원하는 시간만큼 아이를 맡길 수 있게" 지원하는 것이었다. 여기서 강조된 점은 유아교육기관에 대한 부모들의 이용 편의성과 유아들이 받는 서비스의 질적 수준이다. 결국 유치원이든, 어린이집이든 기관에 관계없이 교육 및 보육의 질적 수준이 유지되어야 하고, 영유아는 집과 가까운 기관에서 필요한 시간만큼의 서비스를 받을 수 있어야 한다는 개념이다. 그 결과 유치원은 2004년 유아교육법과 함께 종일반 운영을 도입하였으며, 어린이집은 2005년 보육시설평가인정제의 도입으로 보육서비스의 질을 개선하게 되었다. 이와 같이 유치원과 어린이집은 운영시간과 교육보육 서비스 질의 측면에서 차이를 줄이기 위해 노력했다. 특히 유치원은 그동안 한계가 있었던 교육운영시간을 시간연장제, 종일제, 방과후과정 등으로 확대하였으며, 어린이집은 보육과정에 교육적 요소를 강조하면서 프로그램의 질적 수준을 제고하였다. 이러한 과정을 통해 과거 교육과 보육으로 구분하는 이분법적인 논의에서 벗어나 수혜자의 발달특성이나 요구를 고려하게 되었다. 이 외에도 최근에는 영유아의 정서적인 요소는 물론 신체적, 인식론적인 돌봄에 기초한 교육과 보육의 통합이 필요하다는 주장도 대두되고 있다.

이러한 과정으로 유치원과 보육시설은 운영시간이나 질적 수준에서 점차 서로 유사해졌으나 서로 다른 유형의 기관으로 운영되고 있어, 국가는 이를 통합하기 위해 노력하였다. 그 첫 시도는 1997년 교육개혁위원회의가 제시한 제4차 교육개혁방안에서 나타났다(대통령직속 교육개혁위원회, 1997). 제4차 교육개혁방안에서 유아교육에 대한 공교육 체제구축과 유치원과 보육시설을 통합한 '유아학교' 운영안[6]이 제시되었다. 이에 따라 2004년 유아교육법이 제정되었고, 유치원과 보육시설을 "유아학교"로 통합하는 방안이 제시되었다. 그러나 행정 지원체계는 물론 설립 주체, 교사양성기관과 자격 등이 이원화되어 있던 유치원과 보육시설을 통합하기 위한 일은 쉽지 않았다. 이에 정부는 유치원과 보육시설의 통합을 위한 전문 기관으로 육아정책연구소를 설립, 운영하고 관련 정책을 수립, 수행하고 있다. 그 첫 노력으로 2011년 취학 직전 1년 과정인 만 5세 유아의 교육과정을 통합하여 "공통과정"인 "만 5세 누리과정"을 제정하고, 이어 만 3~4세 교육과정까지 확대 시행하였다. 그 결과 2013년부터 우리나라 유치원과 보육시설에 다니는 3~5세 유아들은 그들이 다니는 기관에 상관없이 동일한 국가수준의 교육과정인 '3~5세 누리과정'의 혜택을 받게 된 것이다. 이와 함께 2023년 12월 유치원과 보육시설의 정부 관리부처를 교육부로 통합하는 '정부조직법 개정안'이 국회를 통과하였다. 그러나 아직 영유아교사양성과 자격, 행 · 재정 지원의 통합 등의 작업은 과제로 남아있다.

이상의 과정을 통해 알 수 있듯이 현재 우리나라 5세 미만 영유아를 대

6) 대통령직속 교육개혁위원회는 제4차 교육개혁방안(1987)에서 유아교육관련 국가 계획으로 "3세 이상 취학전 유아교육이 형평성을 확보하도록 공교육 체제를 구축하고 '교육기본법' 체제하에 기존 유아교육진흥법을 전면 개편한 '유아교육법'을 별도로 마련하고 '유아학교 교육과정'을 운영한다"고 발표하였다.

상으로 교육과 보육서비스를 제공하는 유아교육기관은 유치원과 보육시설로 구분되어 있으나, 각 기관에서 운영하는 교육과정이나 운영시간 등은 상당 부분 서로 유사하게 접근하고 있다. 이에 본서에서는 현재 우리나라 유아교육기관인 유치원과 보육시설의 설립과 발달 과정에서 강조해 온 '교육'과 '보육', 그리고 최근 영유아에게 필요하다고 부각되는 '돌봄'의 의미는 어떻게 변화되고 발전해 왔는지 검토할 것이다. 특히 영유아의 발달적 특성에 의한 것일 뿐만 아니라 물론 일과운영의 과정에서 강조되어 온 '돌봄'의 개념은 유아교육현장에서 어떻게 새롭게 해석되고 도입되어야 할 것인지도 검토할 것이다. 현재 유치원과 보육시설에서 이루어지고 있는 교육과 보육, 그리고 돌봄의 개념은 개인적인 차원에서는 자녀양육지원이며, 국가 사회적 차원에서는 미래인력자원양성의 과정이므로 이러한 작업이 거시적인 안목에서 어떻게 통합되어야 하는지에 대한 검토도 이루어질 것이다.

이를 위하여 본 저서의 내용은 크게 세 부분으로 구성하였다. 첫 번째는 유아교육의 개념과 사회적인 변화에 대해 다루었고, 두 번째 부분에서는 보육과 돌봄의 개념과 이에 대한 사회적 변화와 향후 방향을 다루었다. 그리고 마지막 부분에서는 유아교육기관과 보육시설의 통합에 관련된 연구는 물론 세계적인 변화추세에 기초하여 우리나라 유치원과 보육시설이 학교기관으로서의 정체성을 확립하기 위해 필요한 통합의 과정과 그 방향에 대해 탐구하였다.

2025년 8월

저자 일동

참고문헌

국가법령정보센터(http://www.law.go.kr).

교육부, 한국교육개발원 (2024). **교육통계연보**. https://kess.kedi.re.kr.

대통령직속 교육개혁위원회 (1997). 공교육 체제 확립을 위한 유아교육개혁방안. 제14차 공청회 자료.

이사주당, 유희 (2020). **태교신기**. (김경미, 신명종 역). 문사철. (원본출판 1800년: 조신 정조 24년).

이옥, 김은설, 신나리, 문무경, 최혜선 (2006). 육아정책의 효율성 제고를 위한 유아교육 · 보육의 협력과 통합 방안. 육아정책개발센터 연구보고 2006-01.

임부연 (2023). 유보통합에서 돌봄에 대한 학문적 탐구: '돌봄의 인식론적 진화를 중심으로'. **영유아교육과정연구, 13**(1), 102-128.

OECD (2006). *Starting strong* Ⅱ*: Early childhood education and care*. OECD Publishing.

차례

CHAPTER 1

사회적 변화에 따른 유아교육의 개념 이해

본 장에서는 유아교육의 개념을 알아보기 위해 유아교육의 대상 연령 범위와 개념을 먼저 살펴보고, 유아교육에 주요하게 영향을 미친 법과 정책에 따른 시기별 특성에 대해 분석한 후 유아교육에 대한 사회적 인식 및 최근 유아교육의 동향을 제시하고자 한다. 더불어 향후 유아교육의 본질이 어떠해야 하는지 고찰하고자 한다.

1. 유아교육의 기본 개념

유아교육이란 개념에 대한 정의는 용어 인식의 범위와 시각에 따라 달라진다. 이에 '유아교육'에 대한 개념을 살펴보기 이전에 '유아기'가 어디까지인지에 대한 규정을 먼저 살펴볼 필요가 있다.

1) 유아교육의 대상 연령

현재 유아교육의 대상 연령은 어린이집과 유치원에 다니는 영유아의 연령범위를 포함하여 0~5세로 규정하고 있다. 유아교육의 근간이 되는 「유아교육법」 제1조에 따르면 '유아'는 만 3세부터 초등학교 취학 전까지를 포함하여 만 3~5세를 유아의 범위로 정의하였고, 「영유아보육법」 제2조에 의하면 '영유아'란 6세 미만의 취학 전 아동으로 정의하고 있다.

반면 발달심리학에서 규정하는 영아와 유아에 대한 구분은 영아는 일반적으로 출생~2세(24개월)로 구분하고 유아기는 대개 3~5세로 규정하고 있다(Berk, 2007). 더 세부적으로 영아기(infancy)는 출생에서 만 1세이고, 걸음마기(todderhood)는 만 1~3세, 전기 유아기(early preschool years)는 만 3~4세, 후기 유아기(late preschool years)는 만 5~6세로 구분하기도 한다.

하지만 유아기의 중요성이나 그 효과를 입증하는 연구결과들은 유아교육의 시기를 낮추어 대상에 포함해야 하며, 특히 영유아기의 뇌발달의 특성을 고려할 때 임신이나 수태 이전부터 유아교육의 범위에 포함되어야 한다고 제시하고 있다. NAEYC(전미유아교육협회)에서는 유아기의 범위를 출생부터 8세까지 기간으로 정하였으며, 유아교육의 여러 학자들은 유아교육기관의 대상 연령을 0~8세로 보고 있다(Bredekamp & Rosegrant, 1992; Morrison, 2001). 그 이유는 인간의 발달은 태내에서부터 시작하며 이 시기부터 환경의 영향이 인간의 성장과 발달에 주요한 영향을 미친다는 점을 고려하기 때문이다. 결국, 유아교육의 대상은 유아교육기관에 다니는 유아뿐 아니라 초등학교 저학년 유아를 포함하는 0세부터 8세 유아로 인식해야 한다(이기숙 외, 2021a). 즉 영유아기 동안 연속적이고 의미 있는 경험의 중요성이 강조되기 때문에 생애 초기는 통합교육으로 경험의 연속성이 이루어지도록 교육이 행해져야 한다.

2) 유아교육의 사전적 정의와 학문적 정의

(1) 교육의 개념과 유아교육의 개념: 사전적 개념 및 학문적 개념

교육은 edu와 care가 합해진 개념으로 care는 '돌보다 혹은 보살피다'라고 정의되어 사용되어 왔다. Care는 노딩스(Noddings, 1992)의 개념을 우리나라 교육학계에서 '배려하다'로 번역하여 사용해 오다가 최근에는 돌봄사회 등의 용어로 사회과학 분야에서는 돌봄이라는 용어로 사용되었다(권정윤, 2024). 교육은 인간행동의 계획적인 변화라는 정의를 볼 때 인간의 외현적 행동만의 변화를 살펴보는 것이 아니라 지식, 사고, 가치관, 동기체제, 성격특성, 자아개념 등 인간의 모든 심리적 특성을 포함하기 때문에 내면적 행동을 포함하는 것이다. 국립국어원 표준국어대사전에서는 '교육'은 인간이 가지고 있는 신체적, 정신적 능력을 계발하고, 인격을 완성하기 위하여 지식이나 기술을 가르치고 배우는 것이다 라고 제시하고 있다. 케머만

(Kamerman, 1998)의 정의에서는 교육이란 사회화와 학교준비를 포함한 넓은 의미이며, 주로 2, 3세에서 5, 6세 유아를 대상으로 하고, 취학 전 프로그램에서는 교육적 목표 아래 '보호'를 포함한다. OECD(1999)에서는 의무교육 연령 이하의 유아를 위한 모든 서비스로 교육중심 또는 보호중심, 종일제 또는 반일제, 기관 중심 또는 가정중심 서비스를 모두 포함하는 개념으로 정의하면서 교육과 보호가 분리되지 않고 유아교육의 질적 서비스를 위해서는 이 두 가지가 함께 제공되어야 한다고 제시하고 있다(나정, 2001).

그동안 우리나라에서는 유아교육과 비슷한 개념으로 '취학 전 교육', '학령 전 교육', '조기 교육' 등의 용어를 사용해 왔는데 이는 학교교육이 시작되기 이전의 교육을 의미한다. 하지만 최근에는 유아교육기관을 제도적 학교교육에 포함하여 영국에서는 '유아학교'라는 용어를 사용하고 있고, 미국의 경우도 5세아를 K-Gread로 초등교육학제에 포함하였으나 최근에는 3~4세를 대상으로 공립유아학교가 보편화되고 있다. 이와 같이 유아교육을 초등교육과 연계시키고 있는 추세로 유아교육이라는 용어를 초등학교 이전의 '취학 전 교육'이라고 명시하는 것은 유아교육을 포함하는 용어로 적절하지 않고 한계가 있다(이기숙 외, 2021). 과거에는 유아교육에 대한 일반적 개념으로 보육과 조기교육, 재능교육, 초등학교 준비교육, 보상교육으로서의 유아교육을 포함하기도 하였다. 즉 유아교육은 아동심리학의 영향을 받았고, 유아의 심리적 욕구에 대한 과학적인 정보의 누적으로 등장한 개념이라고 이해할 수 있으며 유아교육을 양육 또는 보육의 개념으로 보는 것이다. 이는 교육은 보육과 구분되는 활동으로 보다 계획적이고 체계적인 방법으로 목적한 변화를 시도하는 활동이라면, 보육은 유아를 맡이 돌보며 심신 보호 및 정상적인 발달을 돕는 활동이라고 할 수 있다. 교육은 더 적극적으로 유아의 행동 변화를 유도하는 활동으로 본다면 보육은 소극적으로 유아의 기본적 요구에 부응하는 활동이라고 할 수 있다(신명옥, 2022).

• **사전적 정의**: 유아교육은 어린이에게 초기 단계에서 교육을 제공하는 활동으로 정의된다. 사전에서는 이를 일반적으로 유아기 아동을 대상으로 한 교육이라고 간단히 설명하며, 유치원, 어린이집, 초등학교 저학년과 같은 교육기관에서 제공되는 프로그램으로 정의한다.

• **학문적 정의**: 교육학적인 측면에서 유아교육이란 유아의 전인적 발달을 목적으로 체계적이고 계획된 환경 속에서 이루어지는 교육활동으로 정의할 수 있다. 발달심리학적인 측면에서 유아교육은 '인간의 발달이 급속하게 이루어지는 시기인 유아기에 제공되는 환경적 자극과 지도활동을 통해 유아가 바람직한 발달을 이룰 수 있도록 하는 모든 노력'으로 정의할 수 있다(Berk, 2013). NAEYC(전미유아교육협회)는 유아교육은 출생부터 8세까지의 아동을 대상으로 하며, 발달적으로 적절한 교육(Developmentally Appropriate Practice, DAP)을 통해 유아 개개인의 성장과 학습을 지원해야 한다고 정의한다. 이와 같이 유아교육은 출생부터 만 8세까지의 유아를 대상으로 하여, 그들의 전인적 발달을 촉진하고 잠재력을 최대한 발휘하도록 돕는 체계적이고 계획적인 교육 활동을 의미한다. 이는 인지, 사회, 정서, 신체, 언어 등 다양한 영역에서 유아의 발달을 지원하는 것을 목표로 한다. 유아교육은 무엇을 위한 교육인가? 라고 생각하였을 때 유아교육은 심신이 조화롭게 최적의 상태로 발달하고 유아기에 인간으로서 경험해야 할 것을 배우는 인간교육에 목적을 두어야 한다(이상금, 1989).

유아교육의 개념

유아교육은 유아가 출생부터 초등학교 입학 전까지 초기발달단계에서 신체적, 인지적, 정서적, 사회적, 언어적 능력을 균형 있게 발달시킬 수 있도록 지원하는 교육활동의 모든 과정을 의미한다. 학문적으로 전체적인 의미를 살펴보면 다음과 같이 정의할 수 있다.

- 종합적 발달 지원:
  유아교육은 유아의 전인적 발달(신체, 정서, 사회, 인지, 언어 등)을 고려하여, 각 발달 영역의 조화를 이루도록 설계된 교육과정과 환경을 제공한다.
- 아동중심 교육:
  유아의 관심 및 욕구를 최대한 반영하는 아동중심교육이어야 한다. 따라서 유아교육의 궁극적 목표는 유아가 행복한 삶을 살 수 있도록 지원하는 교육이다.
- 놀이 중심 학습:
  유아의 자연스러운 호기심과 탐구심을 자극하기 위해 놀이, 실험, 체험활동을 중심으로 학습이 이루어지며, 이를 통해 창의력과 문제해결 능력을 기른다.
- 개별화와 사회적 상호작용:
  유아의 개별적 특성과 발달 속도를 존중하며, 소그룹 활동이나 공동체 생활을 통해 사회적 상호작용과 협력 능력을 배양한다.
- 가정 및 지역사회와의 연계:
  교육기관뿐만 아니라 가정, 지역사회와의 협력을 통해 유아가 안정적이고 지지받는 환경 속에서 성장할 수 있도록 돕는 통합적 접근 방식을 취한다. 이와 같이 유아교육은 단순한 지식 전달을 넘어, 유아의 자율적 학습능력과 사회적 관계 형성을 촉진하는 데 중점을 둔 총체적인 교육이라고 이해하면 된다.

2. 유아교육의 법과 정책의 변화

유아교육은 각 시기별 정책이 바뀌면서 유아교육에 대한 중요성이나 사회적 인식이 변화되었으며, 또한 사립유치원 및 국공립유치원의 확대와 유아교육기관의 질적 향상을 위한 요구 및 노력, 교육과정의 변화, 유보통합의 진행 등 시기별로 변화가 나타난 것을 볼 수 있다.

1) 유아교육의 법과 정책

유아교육과 관련된 법과 정책의 주요한 변화를 표로 나타내면 다음 〈표 1-1〉과 같다. 처음 유아교육의 시초를 두는 것은 「조선여학교령」이었고, 「조선교육령」에서 유치원 설립을 위한 법적 근거가 마련되었다. 이후 1949년 「교육법」이 제정되었으며, 1973년 「유아교육진흥종합계획」이 수립되면서 양적인 팽창과 더불어 질적 향상을 위한 계획을 수립하게 되었고, 1982년 「유아교육진흥법」이 제정되었다. 공교육화에 대한 논의는 1997년 이루어졌으며, 2000년 유아교육선진화 방안이 발표되었다. 2004년 유아학교로서의 법제화로 「유아교육법」이 제정되었으며, 2012년 누리과정이 도입되었고, 2020년 유아교육 3법이 통과되었다. 현재 2023년 이후 유보통합을 위한 통합법 제정 추진으로 교육부로 행정일원화를 완료한 상태이다.

표 1-1 유아교육 관련 법과 정책

연도	법령 및 정책명	내용 요약
1908년	「조선여학교령」	• 유아의 연령, 정원, 교육 내용, 1일 보육시간, 보모 1인당 유아 수, 보육료, 기타 사항을 규정
1922년	「조선교육령」	• 유치원 설립을 위한 인가를 받게 되었던 점으로 유치원 설립의 규제를 할 수 있는 법적 근거를 마련
1949년	「교육법」 제정	• 유치원을 각종 학교로 규정
1962년	유치원시설 기준령	• 대한민국에서 유치원 교육 환경의 질적 향상을 도모하고 유아의 안전과 발달을 보장하기 위해 제정된 법령 • 「교육법 시행령」 제62조 제1항에 따라 유치원의 시설 및 설비에 관한 구체적인 기준을 정한 것으로, 위치 및 환경, 건물 및 교사(校舍), 설비 및 기자재, 위생 및 안전 기준
1969년	유아교육진흥 시책	• 유아교육의 중요성 인식, 유아교육 정책의 방향성과 기반 제공 • 유치원 교육과정을 구성하여 체제 정비의 기틀 마련(1차 유치원 교육과정 제정) • 유치원의 법적 지위 강화, 교원 양성과 전문성 강화, 유아교육기관의 확충 및 지원, 부모 및 지역사회와의 연계 강화

연도	법령 및 정책명	내용 요약
1973년	「유아교육진흥 종합계획」 수립	• 유아교육의 중요성을 처음으로 정부 차원에서 공식화. 사립유치원의 질적 향상을 위해 교원 자격 기준 강화 및 교사 양성 확대 계획 포함
1976년	「유치원시설 기준령」 제정	• 유치원 설립 · 운영의 시설적 기준을 명시. 유치원의 물리적 환경(교실, 놀이터 등)에 대한 국가적 관리 시작 • 「교육법 시행령」에 유치원 관련 조항 최초 명시
1979년	「교육법」 개정	• 유치원을 초등교육 이전의 정식 교육기관으로 명시. 유아교육이 법적 제도권 안으로 진입하는 계기 • 「초 · 중등교육법」 내에 유치원에 관한 내용 포함
1981년	제5차 교육개발 5개년 계획 (1982~1986)	• 유아교육의 양적 확대 및 질적 향상 목표 설정. 공립유치원의 설립 확대와 교사 자격 기준 강화가 포함됨 • 유치원 확대, 교사 양성체계 정비. 공립유치원 설치 시범 시작
1982년	「유아교육법」 제정 추진 시작 「유아교육 진흥법」 제정/ 유아교육진흥 종합 계획 수립	• 당시에는 보류되었지만, 유아교육을 독립된 법으로 제정하려는 움직임이 있었음. (실제 제정은 2004년) • 유치원 교육과정 개발, 교원 재교육, 지역사회 연계 유아교육 추진 • 사립유치원 지원: '유치원 관련 예산 책정' 및 '유치원 교육 투자 계획'에 따라 사립유치원을 재정적으로 지원
1987년	「유아교육법」 입법 예고	• 보육과 유아교육의 체계적 구분 및 유아교육 공공성 확보의 시동. 이 시기를 기점으로 유아교육의 공교육화 논의 본격화
1989년	「유아교육진흥 종합계획」 (재수립)	• 유치원 교육과정 개발, 교원 재교육 확대, 공립유치원 확충 계획 발표. 이듬해인 1991년 공립유치원 증설 본격 시작 • 유치원과 보육시설 간 기능 분리 문제로 국회 통과 실패
1991년	유아교육 시행 계획	• 사립유치원의 질적 발전을 위한 행정적 지원은 유아교육전공자가 교육부 유아교육사로 재직하기 시작 • 공립유치원 대폭 증설 시작: 농어촌 지역 중심으로 공립유치원 설치. 유치원 등록 기준 강화
1997년	제4차 교육개혁안	• 만 5세 무상교육 및 유아교육 공공성 강화 논의 시작. 공교육화 기반 마련 • 유아교육의 공교육 체제 구축, 유아학교 제도 도입 등 공교육 강화 전략 제시
2000년	「사립학교법」 제정 유아교육 선진화 방안 발표	• 유치원의 책무성 강화, 유치원 평가제 도입

연도	법령 및 정책명	내용 요약
2004년	「유아교육법」 제정	• 2005년 1월 29일에는 「유아교육법 시행령」 공포 • 유치원이 유아학교로서의 기관법제화, 운영, 재정 및 교원에 대한 기본적인 법률로서 「교육기본법」 제9조의 규정에 의해 유아교육－초중등교육–고등교육–평생교육에 대한 법 체계를 확립한 것으로 출발점 단계의 유아교육에 대한 국가 및 사회의 책무성을 규정 • 교육부 소관. 유치원 법적 위상 확립, 교원 자격 및 운영 기준 명문화 • 만 3세부터 초등학교 취학 전까지의 유아의 교육을 위한 학교에 관한 기본요건을 갖추게 됨
2009년	유아교육 선진화 추진 계획	• 유아교육의 공공성과 질을 강화하고, 미래지향적 유아교육 기반 구축 • 유아학비 부담 경감, 선진 유아교육제도 구축, 미래지향적 교육과정 운영, 교원 전문성 강화, 유아교육 행정체계 정비
2011년	「유아교육법 시행령」 개정	• 교육관련기관의 정보공개에 관한 특례법이 개정 공포 • 5세 누리과정 도입의 근거 마련을 위한 법령 개정 • 11월 5세 누리과정 도입 계획 발표
2012년	「유아교육법」의 개정 공포 및 누리과정 도입	• 유아교육 발전계획 수립 및 추진 • 유아교육의 중장기적 목표와 비전 제시 • 5세 누리과정 전면 시행 • 2012년 12월 3, 4세 누리과정 도입 계획 발표 • 2012년 4월부터 유치원 정보공시제 도입
2018년	「유아교육 혁신 방안」 발표	• 유치원 공공성 강화, 사립유치원 에듀파인 의무화, 회계투명성 강화, 교원 전문성 제고 방안 포함
2020년	누리과정 개정	• 공 · 사립유치원 회계 시스템 에듀파인 전면 도입 • 누리과정 개정(2020): 놀이 중심 교육 강화
2020년	유아교육 3법 통과	• 「유아교육법」, 「사립학교법」, 「학교급식법」 실시 • 유치원 3법의 실행과제는 참여성 현장성, 충분성, 투명성 등 네 영역으로 분류
2023년	정부조직법 개정: 유보통합 관련 3법 개정 추진	• 2023년 12월 정부조직법이 개정되어 영유아 교육 보육 사무가 교육부로 일원화하여 유아교육과 보육의 행정체계를 통합하는 법적 기반 마련 • 유보통합 추진단 설치
2023년 이후	유보통합 로드맵	• 통합법 제정 추진, 교육부로 행정일원화 완료(「정부조직법」 개정) • '(영)유아학교' 모델 도입 제안 • 0~5세 아동 통합 관리체계 구상

2) 유아교육의 법과 정책에 따른 공사립유치원의 변화

본 절에서는 앞서 언급한 법과 정책의 변화와 관련하여 우리나라 유치원의 변천사를 사립과 국공립 유치원의 변화와 함께 살펴보고자 한다. 본 절의 내용은 국공립과 사립 유치원의 변천을 다룬 국내 연구를 중심으로 시기별로 특징을 제시하였다[1].

(1) 근대기(일제강점기, 1897~1945): 유치원의 성립 시기(1945년 광복 이전 단계)

우리나라에 유아교육기관으로 유치원이 설립될 수 있었던 것은 1908년 공포된 「조선여학교령」이었으며, 이 학교령에 따라 유아의 연령, 정원, 교육내용, 1일 보육시간, 보모 1인당 유아 수, 보육료, 기타 사항을 규정하였다. 이때에는 관 · 공 · 사, 고등여학교의 부속유치원을 각각 관 · 공 · 사 유치원이라고 할 수 있다.

다음으로 1922년 2월 16일 공포된 조선교육령은 유치원 설립을 위한 인가, 유치원 설립을 규제할 수 있는 법적 근거를 마련하였다. 유치원 설립을 위해 유치원은 연령 3세부터 7세까지의 유아를 보육하는 목적으로 하고(제1조), 설립을 할 때는 도지사의 인가를 받아야 한다고 규정하고 있다(제3조). 법령에는 설립 주체를 공립과 사립으로 구분하고 있으나 실제는 개인이 설립하는 경우가 많았고, 국가 주도가 아닌 개인(선교사)이 설립하고 이에 따라 설립목적과 운영에 대해 국가의 규제를 거의 받지 않았다. 1921년에는 유치원 수가 39개(조선 11개, 일본 28개)였던 것이 1942년에는 유치원 수가 260개로 증가하였고, 원아 수는 809명에서 21,160명으로 증가하였다. 그러나 당시에는 미인가, 무인가 유

1) 본 절의 내용은 김은영, 최은영(2012), 박신영, 박은혜(2019), 심은희(2010), 이기숙 외(2021a), 정혜손(2018) 등의 연구내용을 참고로 구성하였음

치원이 대다수였으며, 서당이나 강습회처럼 강력한 통제를 하지 않았다는 점에서 실제로 유치원 설립인가의 법적 구속력은 매우 미약하였다.

우리나라 유아교육의 역사는 사립유치원이 이끌어왔다고 평가할 수 있다. 한국인 유아를 위해 최초로 설립된 유치원은 사립유치원이었다. 1913년 사립경성유치원이 설립되었고, 1914년 한국 내에 본격적인 유치원 교육을 실현하기 위해 이화유치원이 설립되었으며, 1916년 중앙유치원이 개원하였다. 1945년 해방 이전에 설립된 유치원은 모두 사립유치원이었다. 사립유치원은 일본식 프뢰벨 교육방법의 영향을 받았으며, 이후 기독교 선교사가 1914년 이화유치원을 설립하면서 서양식 유아교육 이론에 기초한 전문적인 유치원 교육이 시작되었다. 유치원 사업은 일제강점기 시대 유치원은 1910년대 의료사업과 더불어 교육 및 종교 전파의 한 방법으로 중산층 이상 가정의 자녀를 대상으로 하였다. 1920년대는 교육구국주의가 더 지배적이었던 시기였으며, 1930년대 유치원은 유치원 무용론과 더불어 유치원 교육은 아동중심주의에 근거하여야 하며, 유치원 교사는 보다 전문적이어야 한다는 것 등 유아교육의 본질과 근본 문제를 인식하여 내적 충실을 기하자는 유치원계의 새로운 자각 시기를 맞이하였다(이상금, 1987).

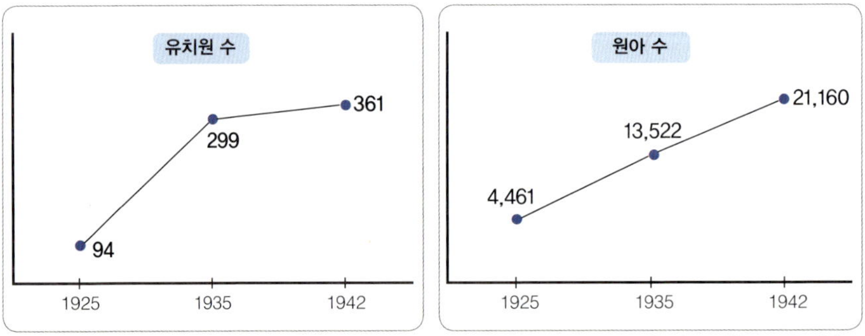

출처: 조선총독부통계연보.

(2) 광복 이후~1960년대: 대한민국 정부 수립과 유치원 교육과정 제정 이전 시기

해방 후 1945~1948년 4년간은 미군정에 의해 유치원 교육의 기반이 형성되었고, 1949년 「교육법」(제정 1949. 12. 31)이 제정되어 「교육법」을 법률 제86호로 공포하면서 학교 종류에 유치원이 포함되었으나 유치원의 위치는 초등학교 교육기관 이전 단계로 인정받지는 못하였다. 즉 이때에는 일부 선교단체와 민간주도로 사립유치원이 생겨났으며, 유치원 관련 조항이 다른 학교기관들과의 관계에서 자신의 위치를 명확히 하지 못하면서 모호하게 규정된 것을 볼 수 있다. 1948년 제정 공표된 「대한민국 헌법」에 교육기회 균등 원칙이 명시되면서 「헌법」에 근거한 「교육법」을 제정 · 공포하였다. 이 법에 명시된 유치원 교육목적은 유치원 교육목적으로는 유치원은 유아를 보육하고 적당한 환경을 주어 심신의 발육을 조장하는 것이다(「교육법」 제146조). 그러나 교육법은 한국전쟁으로 그 기능을 제대로 발휘하기 어려웠고, 개인이나 교회단체가 설립하는 유치원, 사회복지차원에서 부모를 잃은 아이들을 보호해주는 기관이 늘어났지만 정부 차원에서의 행정적 지도나 감독이 없었으며, 교육활동을 장학지도할 수 있는 체제도 없었다(이기숙 외, 2021b).

이때 유치원 취원 연령을 만 4세부터 초등학교 취학 전까지로 규정하여 최소한의 법적 기준을 마련하였다. 1950~1960년대에도 대부분 사립이 주도하였고, 1952년 유치원 규정에 따라 유치원 설립 · 운영이 자유롭게 운영되었다. 1945년경에는 144개의 유치원만이 남게 되었고, 1955년에 173개, 1965년에 423개의 유치원이 운영되었고, 원아 수는 1945년에 9,269명, 1955년에 11,561명, 1965년에 19,566명의 원아 수를 기록하고 있다[2].

2) 1942년의 통계는 조선총독부통계연보 자료로 유치원 수에 공립·사립·관립·사설 등 다양한 형태를 모두 포함했고, 1965년 통계(KEDI·문교부 집계)는 대한민국 「교육법」상 인가를 받은 정규 유치원만 포함하였고 무인가 사설 유치원, 종교기관 부속 유아반, 놀이학교, 보육원 등은 제외한 수치이므로 통계의 범위가 다를 수 있음.

1960년대에는 전국에 297개의 유치원에서 16,315명의 원아가 교육을 받았으며, 사회가 점차 안정되어가면서 유치원 수도 꾸준히 증가하여 1968년에는 470개로 증가하였고, 원아 수는 총 21,658명으로 나타나 광복 초기보다 유치원이 3배 이상의 증가를 보였다(이기숙 외, 2021a). 1962년 유아교육 체제 정비기로 1962년 문교부령에 따라 '유치원 시설 기준령'이 공포되어 시행하게 됨으로써 유치원의 교육적 환경조성을 제도적으로 규정하였고, 유치원 교육에 관한 업무는 다시 문교부 보통교육국 교육행정과로 이관되었다. 이로써 그동안 무질서하게 설치, 운영되었던 유치원에 대한 최소한의 시설기준을 정함으로써 유치원의 교육적 환경을 개선하는 데 중요한 법적 근거가 되었다. 이 시설 기준령에는 유치원의 위치, 원사, 시설과 설비, 완구와 교구 소방시설 등에 대하여 구체적으로 명시하였다. 1945년부터 1960년대에는 대부분의 사립유치원 중심으로 운영되었고 1946~1969년 정체기에는 해방 이후의 사회 변화로 인해 불안한 상태가 지속되었으며 유아교육의 보호적 기능이 강화되었다. 즉 이 기간에는 전쟁 이후 사회불안과 가족구조의 변화로 인해 유아교육보다는 보호중심의 기능이 강조된 정체기를 보였고, 유아교육과 보육은 이원화되어 유치원은 교육법을 따라, 탁아소는 아동복리법에 따라 보호중심의 시설로 정의된 시기이다.

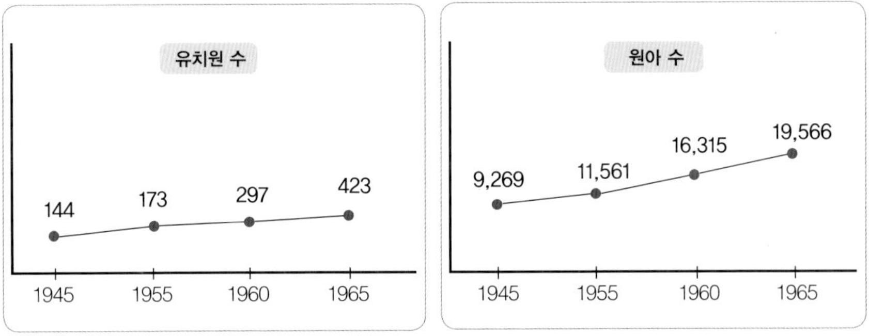

출처: 국가통계포털KOSIS), 교육통계연보.; 이기숙(2021a).

(3) 1970~1980년대: 유치원 교육과정 제정과 「유아교육진흥법」 제정 시기

1970~1980년대의 유아교육 관련 법과 정책은 대한민국의 산업화 및 도시화에 따른 사회 변화에 발맞추어 유아교육의 제도화의 시삭, 공공성을 확보하려는 노력, 보육과 교육의 체계적 분리 등이 이루어진 시기이다. 1969년에는 유아교육진흥 시책을 수립하였고, 1차 유치원 교육과정이 제정되었다. 1차 유치원 교육과정 제정의 의미는 정부 차원에서 유아교육의 필요성을 인식하고, 국가 교육과정 체계에 유치원을 처음으로 명문화한 것으로 볼 수 있다. 1차 유치원 교육과정에서는 교사의 전문성이 부족한 시기에 구체적인 유치원 교육의 목표, 영역, 수업일수 등 교육내용 면에서 중요한 기준을 제시하였다는 데 의미가 있었다. 즉 1970년대에 들어서면서 유치원교육을 의무화해서 제도권 교육기관으로 포함하려는 인식이 생겨났으며, 이때 만 4세부터 유치원을 의무교육으로 하고 공립유아학교를 설치할 계획을 수립한 것과도 연계된다(이윤진, 2020). 또한 1970년대 '보육' 중심에서 '교육'으로 관점이 변화되었으며, 교사양성 체계를 마련하였고 교육내용과 목표가 국가 수준으로 제시되어 유치원의 교육의 방향성과 표준화의 기초를 마련하세 되었나.

1973년에는 「유아교육진흥종합계획」을 수립하여 유아교육의 중요성을 처음으로 정부 차원에서 공식화하고 사립유치원의 질적 향상을 위해 교원 자격기준을 강화하였으며 교사 양성 확대 계획을 포함하였다. 1976년에는 「유치원시설 기준령」을 제정하여 유치원 설립 · 운영의 시설적 기준을 명시히고, 유치원의 물리적 환경(교실, 놀이터 등)에 대한 국가적 관리를 시작하였다.

공립유치원은 병설유치원의 형태로 1976년에 처음 도입되었는데, 서울에 생긴 4개의 초등학교(당시 국민학교) 병설유치원으로 시작되었다. 병설유치원은 초등학교에 병설된 형태로, 기존 초등학교 교사를 겸임하거나 별도의 교사를 배치하여 운영하였다. 이는 당시 유아교육에 대한 국가적 관심이 높아지면서 사립유치원에 의존하던 구조에서 공교육 체계를 확대하려는 움직임이었다. 이전까지는 사립유치원이 주를 이루었으나, 1976년 서울 4개, 부산 1개 총 5개 병설유치원 개원으로 공교육화를 본격적으로 시도한 시기이다. 공립유치원은 1970년대 중반 정부의 행정적 지원과 UNICEF의 지원으로 관심을 많이 받았지만 공립유치원이 수적으로 많이 증가하지는 않았다. 1977년부터 1981년까지 69개의 시범유치원을 설치 운영하는 계획을 세웠지만, 1981년까지 총 20개의 공립유치원을 설치 운영하는 것에 그치고 말았다(정혜손, 2008). 반면 1970년대 우리 사회 경제발전이 눈부시게 이루어지면서 학부모들이 사립유치원에 취원시킬 수 있는 경제적 여유가 생기기 시작하였다. 또한 1970년대의 보육은 가정 또는 탁아소(보건복지부 관할) 중심이었고, 1980년대에도 마찬가지로 돌봄은 탁아소에서 제공하고 있었다. 1979년에는 「교육법」을 개정하여 유치원을 초등교육 이전의 정식 교육기관으로 명시하고, 유아교육이 법적 제도권 안으로 진입하는 계기가 되었다.

① 「유아교육진흥법」 제정

우리 정부가 본격적으로 유아교육정책을 추진하게 된 시기는 1982년 「유아교육진흥법」 제정부터라고 할 수 있다. 1981년 제5공화국의 출범과 함께 유아교육의 공공성 확대를 위해 유아교육특별법인 「유아교육진흥법」을 제정 공포하고 「유아교육진흥종합계획」을 수립하였다. 「유아교육진흥종합계획」은 영유아 교육 보육의 활성화, 유아기 인적 자원 개발을 위한 국가 경쟁력 확보, UNESCO 등의 유아교육의 공교육화 강조, 핵가족화 및 여성의 경제활동 참여 증가에 따른 필요성에 따라 진행되었다(양옥승, 2015). 세계적으로는 UN이 설정한 '세계 어린이의 해'를 맞이하며 1981년 제5공화국이 출범되면서 유아교육이 새로운 전환기를 맞이하고 정부의 행 · 재정적 지원을 얻

으면서 양적, 질적 발전을 하게 되었다. 따라서 우리 정부가 유아교육에 대해 본격적으로 중요성을 인식하고 정책을 추진하게 된 시기는 1982년 「유아교육진흥법」 제정 공포 시기 이후라고 할 수 있다. 「유아교육진흥법」에 근거하여 1983년 교육부는 '유아교육담당관실'을 신설하였다.

1980년 이후 사립유치원은 양적인 면에서 괄목할 정도로 성장하였다. 한국사립유치원의 발전에 관한 연구에서는 제5공화국 시기 이루어진 사립유치원의 이러한 성장은 단지 수적인 증가 이상의 의미를 내포하고 있으며 보편적인 유아교육기관으로 자리매김할 수 있도록 해준 주요한 계기가 되었음을 보고하였다. 「유아교육진흥법」 제정으로 그동안 4원화되었던 유아교육체제가 정비되었다. 즉 문교부는 공 · 사립유치원을, 내무부는 보건사회부가 운영하던 어린이집과 농촌진흥청이 운영하던 농번기 유아원, 내무부의 새마을협동유아원을 흡수 통합하여 새마을유아원으로 확대 운영키로 했다. 다시 말해서, 새마을유아원이란 종전의 정부부처별로 다원화되어 있던 탁아시설들을 하나로 통합하여 내무부 산하에 둔 새로운 기관이다(이윤진, 2020).

「유아교육진흥법」이 제정된 이후 유아교육기관은 급속히 확대되어 1980년대 공립 40개소, 사립 861개소로 총 901개였던 유치원이 3년 뒤인 1983년에는 공립 2,562개소, 사립 1,714개소로 총 4,276개소로 급증하게 되었으며, 취원 유아 수도 약 2배로 증가하였다. 그림에서 제시한 바와 같이 1980년에 901개의 유치원이 1990년에는 8,354개소로 급격히 증가하였으며, 원아 수는 1980년 66,433명에서 1990년 414,532명으로 증가한 것을 볼 수 있다. 특히 공립유치원의 수가 증가하였는데 이는 주로 대도시보다는 농촌지역과 도서 · 벽지 지역을 중심으로 공립유치원을 확대하고자 하는 정부의 의지가 반영된 부분이다(이기숙 외, 2021a). 이상과 같은 정부의 공립유치원 확충 계획에 따라 유치원 수의 측면에서 볼 때 1980년대를 기점으로 국공립과 사립유치원의 수가 비슷해졌다. 물론 공사립유치원에 재원하는 원아 수는 사립유치원이 훨씬 많았으나, 이러한 성장은 계속되어 2000년까지 약 9배 가까운 양적 성장을 보였다.

반면 「유아교육진흥법」 이후 사립유치원의 양적인 팽창과 더불어 질적인 수준에 대한 문제점이 제기되었다. 관련 기사들을 보면 유치원의 교육적 필요성 혹은 중요성에 대한 기사가 많이 보도되었으며, 1982년 전국에 무인가 유치원을 조건부로 양성한다는 내용이 주를 이루었다. 또한, 향후 신설된 공립유치원은 기존의 시설을 활용하기 위하여 초등학교부설로 만들어졌고 초등학교 교사로 하여금 유치원 교사를 겸하도록 하였다. 결과적으로 이와 같은 양적인 팽창에 대해 질적인 수준에 대한 논란이 많았다. 준비되지 않은 유치원을 인가해주다 보니 유치원들이 난립하였고 운영자의 어려움, 교사의 비전문성, 유치원의 탈법 운영 등과 같은 질적 수준 저하를 집중적으로 문제제기하고 보도하는 기사들이 많았다(정미라 외, 2006).

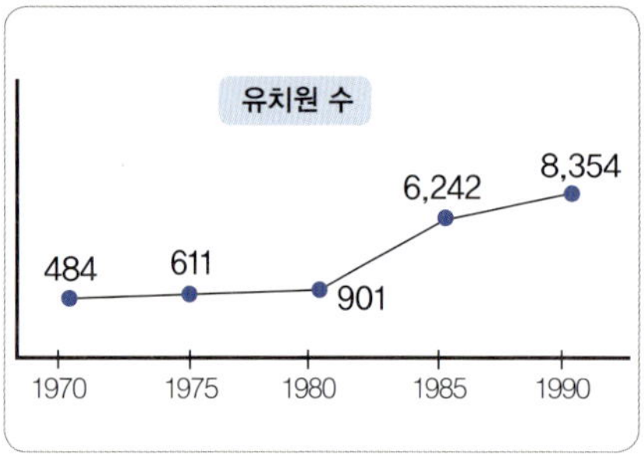

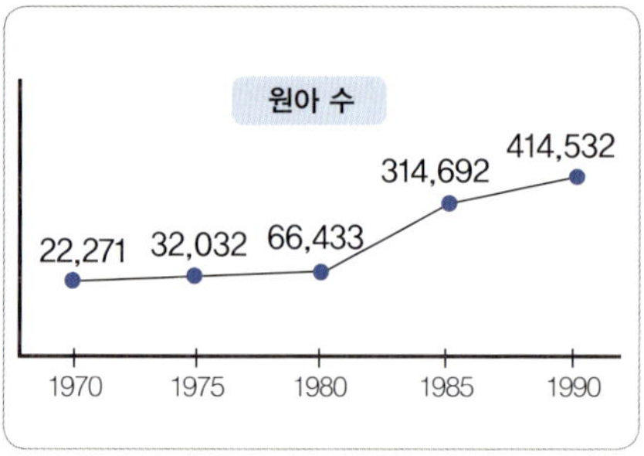

출처: 국가통계포털(KOSIS), 교육통계연보.

1987년에는 「교육법」을 개정하여 유치원을 학교로 명시하면서 법적으로 유치원이 초등학교 이전의 학교임을 최초 규정하였는데, 이는 유치원의 제도적 지위를 확보한 것이라 할 수 있다. 1987년 「유아교육법」의 입법 예고로 보육과 유아교육의 체계적 구분 및 유아교육 공공성 확보로 유아교육의 공교육화 논의가 본격화되었다. 이와 같이 유아교육의 공공성이 강조됨에 따라 국공립유치원은 '유아교육진흥 5개년 계획'이 수립된 1976년부터 「유아교육진흥법」이 제정된 1982년 사이에 확대되었고 세계적 추세에 맞추어 유치원을 공교육화하는 것과 동시에 저소득층 자녀들에게 유치원 교육의 기회를 제공하게 되었다.

이 시기의 정책적 특징(1980~1990년대)

- 유아교육 제도화의 시작:
  유치원이 「교육법」상 정식 교육기관으로 인정되며, 유아교육의 공교육화 기반이 마련됨
- 사립 중심에서 공립 확대 정책으로 전환:
  초기에는 사립유치원이 중심이었지만, 1980년대 후반부터 공립유치원의 확대가 정책적으로 추진됨
- 교원 양성 및 자격 기준 강화:
  유치원 교사 양성기관 확대, 교원자격제도의 도입으로 전문성 확보 노력
- 보육과 교육의 분리 논의 시작:
  유아교육(유치원)과 보육(탁아소)의 이원화 문제가 대두되며, 이후 유보통합 논의의 배경이 됨

(4) 1990년대~2000년 초반: 공립유치원의 확대와 제도화 시기

1990년대에서 2000년 초반은 공립유치원의 확대와 제도화 시기이며 유치원 입학연령이 만 4, 5세에서 만 3세를 포함하게 되었고, 취업모의 증가에 따라 종일반 운영을 강조하였다. 맞벌이 가정의 증가로 유치원에도 오후 연장 운영이 필요하다는 학부모의 요구가 증대되었고, 제도적으로는 1991년 「영유아보육법」 도입으로 유치원에도 종일반 형태의 보육 · 교육의 요구가 확산되었다.

사립유치원의 종일반 운영은 1991년 「유아교육진흥법」 개정으로 유치원의 종일반 수업과정의 법적 근거 규정을 마련하면서 활성화되었다. 1994년 종일반 시범유치원을 지정 운영하였고, 2001년 「유아교육종합계

획」의 하나로서 유치원 종일반 운영지원이 활성화되었다. 사립유치원 종일반 시행을 중앙정부와 시·도교육청에서 권장하여 많은 사립유치원에서 종일반을 운영하였으나, 결국 종일반 교사인건비 지원 문제로 종일반교사를 배치하지 못한 곳이 많았다. 따라서 현장에서 종일반 운영이 원활하게 운영될 수 있도록 지역자치단체의 종일반교사 인건비 지원을 촉구하였던 시기이다(심은희, 2010).

사립유치원 수는 1980년 861개소에서 1997년 4,518개소로 매해 꾸준히 증가하였으나, 1998년부터는 4,518개소에서 2007년 3,846개소로 매해 감소하였다. 1997년 이후에 사립유치원 수가 감소하게 된 이유는 1997년 IMF 외환위기로 인한 학부모의 경제적 어려움, 저출산으로 인한 취원대상 유아 수의 감소, 1990년대 이후 보육시설의 증가, 영어유치원(학원)의 붐 등의 영향으로 볼 수 있다. 사립유치원은 1997년 이후 원아모집이 잘 되지 않아 경영의 어려움을 겪게 되었고, 그중에서도 임대유치원의 피해가 더 커서 폐원하는 경우도 있었다.

1990년대는 공교육화에 대한 논의가 활발히 이루어진 시기로 선행연구(나정, 2001; 박신영, 2019; 이기숙 외, 2021a, 2021b)를 기반으로 정리하면 다음과 같다.

① 공교육에 대한 개념

공교육이란 교육의 사회적 유용성으로 인해 국가가 적극적으로 관여하는 교육으로, 국가나 공공단체가 관리·운영, 지원하고 국민 모두에게 개방하여 보편적인 교육을 실시하는 교육을 말한다. 이러한 공교육은 교육의 기회균등을 위해 무상성과 의무성을 추구하고, 교육내용에 있어서의 중립성과 보편성을 추구하며, 국가가 관리·감독·운영하는 학교제도 중심의 교육을 그 원리로 하고 있다(김진규, 2003). 유아교육의 공교육화 방안에 관한 연구들은 주로 유치원을 기간학제에 포함시킬 것을 제안하고 있다. 그 외에도 공립유치원의 다양화와 함께 사립유치원에 대한 행·재정적인 지원을 통해 만 5세아의 지역 간·소득 간 차이가 없는 전원 취원을 제안하고 있다(이상금 외, 1993; 이원영, 1995). 선행연구(박신영, 박은혜, 2019)를 토대로 공교육화에 대한 시기별 특성을 구분하여 제시하였다.

② 공교육화 논의: 공교육화 정책의 서막

1980년대에는 공립유치원의 확대와 세노화된 시기로 정부는 초등학교에 병설유치원을 지속적으로 확대하였고, 1981년에는 「교육법」 개정으로 유치원이 법적으로 초등교육과 별도의 단계로 인정받았다. 공립유치원의 수가 늘어나면서 사립유치원의 독점적 지위를 완화하고, 유아교육의 공공성을 강화하는 전환점이 되었다. 그러나 신설 설립된 공립유치원의 규모가 대부분 초등학교 내에 1학급으로 이루어진 경우가 70%를 차지하는 것으로 나타나 한계점이 있었다. 1990년대에는 공립유치원의 신설과 함께 교육의 질 개선을 위한 노력으로 공립유치원에 원감제도가 신설되었고, 전공 장학사 배치로 유아교육의 질 향상을 도모하였다. 이와 함께 「유아교육법」의 제정(1991년)은 공립유치원의 운영과 역할을 명확히 규정하여 제도적으로 안정화시키는 계기가 되었다

③ 유아교육 공공성 의제 설정기(1993~1996년): 유아교육의 공공성에 대한 논의 시작

1993년 정부는 2000년대를 향한 유아교육 장단기 발전계획을 발표하였는데, 유치원의 학교 급제화와 종일반 운영의 활성화, 5세아 무상교육과 유아 교사의 자격 기준 강화와 인건비 지원 등의 내용이 포함되어 있었다. 이 시기 동안 공교육과 관련하여 정책네트워크에서 주요하게 다루어진 내용은 '유아대상 학원금지'와 '만 5세 초등학교 취학'이다. 주요 쟁점으로는

1993년 유아대상 학원과외 금지 촉구와 유치원 공교육화와 의무교육화에 대한 요구, 1995년 만 5세 선별적 초등학교 취학 찬반 논란이 있었다. 1995년에 열린 교육개혁위원회는 제1차 교육개혁 방안 중 하나로 초등학교 취학연령을 탄력적으로 운영하는 안을 발표하였다. 5세 아동이 취학을 원할 경우 선별적으로 허용하는 방안에 대하여 유아교육 관련학과 교수, 한국유아교육학과, 시민사회단체 등은 반대의견을 개진하는 한편, 유아교육 공교육화를 주장하였다. 1996년에 들어 정부 차원에서 취학 전 1년에 대한 무상교육 제공을 위한 초중등교육법 개정을 합의한 것을 시작으로 유아교육 의무교육과 공교육화에 대한 요구가 나타나면서 공교육화가 본격적으로 공론화된 시기이다. 특히 교육개혁위원회의 '출발점 평등원칙 구현을 위한 유아교육체제 개혁' 공청회 개최를 계기로 유아교육 공교육화가 본격적으로 공론화되었다.

④ 공교육화 기반 형성기(1997~2003년)

유아교육을 공교육화해야 한다는 논의는 1997년 6월 2일 발표된 제4차 교육개혁안에 포함되어 있다. 1997년 대통령 자문기구인 교육개혁위원회가 김영삼 대통령에게 교육개혁안을 보고할 때 유아교육 공교육체제 확립 방안을 건의하면서 유아교육의 공교육화가 본격적으로 논의되었다(이윤진, 2020). 이때 주요내용은 다음과 같다. 첫째, 3세 이상 초등학교 취학 전 유아들의 교육을 공교육체제안에 원칙적으로 포함하고, 교육과 보호서비스가 함께 제공되도록 새로운 형태의 유아교육체제를 구축한다. 둘째, 불리한 조건에 있는 저소득층의 유아들에게는 교육의 기회를 우선 제공하고, 학부모 부담을 완화시켜 교육기회의 형평성을 유지한다. 셋째, 초등학교 취학 직전 연령의 5세 유아들에게는 최소한 1년의 유아교육을 받고 초등학교에 입학할 수 있도록 교육의 기회와 권리를 보장하여 출발점 평등의 원칙을 구현한다(교육개혁위원회, 1997). 여기서 제시한 '유아학교'안은 유치원을 유아학교로 개칭하여 공교육화하려는 정책을 수립한 것이다. 1998년부터 2003년까지는 정부가 만 5세 유아대상 무상교육을 단계적으로 추진하도록 하였고, 대도시 저소득층 거주지역에 공립유치원을 중점적으로 신·증설하였다. 유아교육법에 대한 재정적 지원을 확보하기 위한 「유아교육법」 초안도 발표하였고, 이후 1999년, 2001년, 2003년에도 「유아교육법」 제정안이 국회에서 발의되었으나 본 법안이 폐기, 계류가 반복되었다가 「유아교육법」 제정의 필요성을 주장하는 학계와 현장의 의견이 반영되어 2003년 12월 정기국회에서 교육법안이 상정되었다. 이 시기에는 공교육화의 확대와 필요성을 중요하게 하는 담론이 시작되었고, 사교육 과열과 국가경제위기라는 사회경제적 맥락의 영향이 강조되었다. 2002년에는 공립단설유치원의 설립을 지원하게 되었고, 2003년에는 유치원 종일반 확대가 추진되었는데, 이때는 유아교육과 보육의 연령별 분리와 보육중심 정부 정책을 반대하던 시기이다.

공교육의 확대와 제도화 시기로 특징지어지는 1990년대와 2000년대 초반의 유치원 수와 원아 수를 살펴보면 1991년 이후 1994년과 1997년까지는 유치원의 시설 확충이 많았으나 이후 2003년까지는 급격히 감소하는 것으로 나타났고, 원아 수도 1997년까지 지속적으로 증가하다가 1998년 이후 다소 감소되는 것을 볼 수 있다. 이에 대한 여러 가지 이유가 있겠으나, 1997년 외환위기와 같은 우리나라 사회적 상태의 변화가 영향을 미쳤을 것으로 사료된다. 그 외에도 저출산으로 인한 취원 대상 유아 수의 자연적인 감소와 소규모 임대 유치원의 폐원, 어린이집의 증가, 사립유치원의 부지확보 조건이 까다로워지는 이유 등이 있었다(심은희, 2010). 또한 사립유치원의 종일반 수요가 갑자기 증가하면서 종일반 교사의 확보가 절실하였으나 교육현장에서 실질적으로 종일반 교사 확보율은 부족한 현황이었다.

2000년대 초반에는 방과후 과정이 확대되면서 오전반, 종일반 등 다양한 운영형태가 등장하였다.

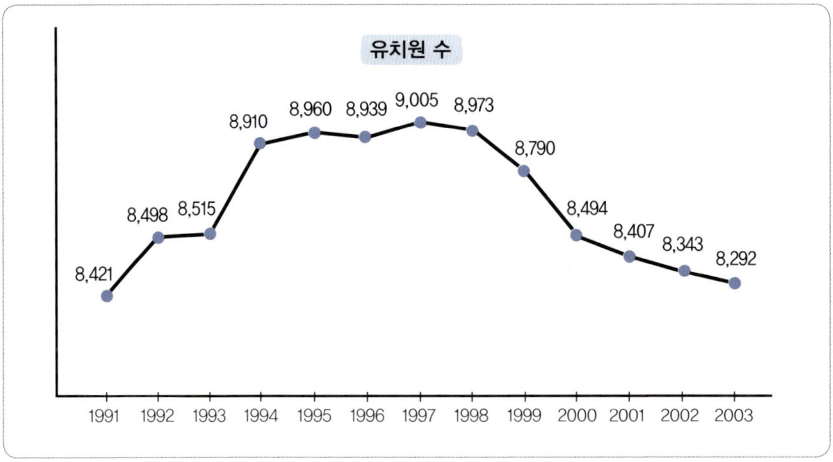

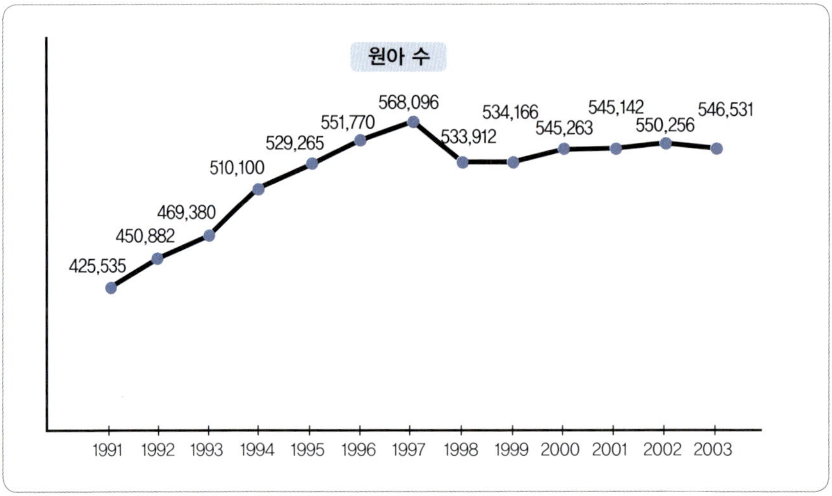

출처: 교육부, 한국교육개발원(2024). 교육통계연보.

이 시기의 정책적 특징(1990~2000년대 초)

- 맞벌이 가정 증가로 보육과 교육 간 경계가 쟁점으로 부각됨
- 법적 기반 강화
  - 「유아교육법」 제정(1991): 유치원의 정규 교육기관화
  - 유아교사 자격 기준, 교육과정 기준 등이 법적으로 명확화됨
- 국가 주도의 교육 확대 정책
  - 국공립유치원 설립 및 지원 확대
  - 사립유치원 재정 지원도 점진적으로 확대
- 행정체계 정비
  - 교육부 → 교육인적자원부 체제로 전환(1997)
  - 유아교육 행정의 일원화를 통해 효율성 제고 시도
- 질 관리 제도 도입
  - 유아교육정보센터 구축 시작(2002): 정보 접근성 확대
- 보육과 교육의 이원화 심화: 보건복지부 중심의 보육 확대 → 향후 유보통합 논의의 씨앗이 됨

(5) 2004~2010년: 「유아교육법」 제정을 통한 유아교육 공교육 체제의 실현/교육 · 보육의 공공성 강화

1990년대 이후 국공립유치원의 확대 정책이 시작되었지만 실제 비율은 여전히 사립 비율이 높은 시기라고 볼 수 있다. 2000년 「사립학교법」 제정과 2002년에는 유아교육발전 5개년 계획이 발표됨으로써 사립유치원 운영의 투명성이 요구가 증가되었고 사립유치원에 대한 감독이 강화되었다. 특히 전체 유치원의 80% 이상이 사립이었기 때문에 공교육화의 정책을 실효성 있게 하기 위해서는 사립유치원의 공공성 확보가 필수적이었으며, 사립유치원의 교육비, 교육의 질, 회계 투명성 등의 차이가 교육불평등의 원인이 될 수 있으므로 공공성과 책무성을 강화하여 교육의 기회균등을 제공해야 한다는 인식이 강하였다.

또한, 사립유치원에 대한 국가의 재정지원이 이루어지면서 사립유치원 공공성 강화의 문제가 더욱 강조된다. 국가가 사립유치원을 재정적으로 지

원하기 시작한 것은 1982년 '유치원 관련 예산 책정' 및 '유치원 교육 투자 계획'에 의한 것이며, 국민의 정부 시기인 1990년부터 '만 5세아 무상교육'의 단계적 실시, 참여정부 시기인 2004년에 '만 3, 4세아 저속득층 자녀 차등 교육비 지원'이 이루어짐으로써 사립유치원 취원아에 대한 무상교육이 단계적으로 실시되고 있었다. 이러한 지원은 이미 설립된 사립유치원의 운영비를 지원함으로써 학부모의 재정부담을 줄이고, 유아교육의 공교육화를 실현하자는 의미였다. 2004년 제정된 「유아교육법」은 사립유치원이 공교육의 틀 속에서 정착될 수 있는 법적인 근거를 마련하게 되었다.

① 「유아교육법」 제정을 통한 유치원 공교육 체제의 실천

「유아교육법」 제정기(2001~2004)에는 2003년 유치원 종일반 확대 추진, 2004년 「유아교육법」 제정 및 만 3~4세 저소득층 교육비 지원 정책이 시행되었다. 「유아교육법」 제정 이후부터 유아교육에 대한 국가와 정부의 지원이 점차 확대되었으며 출산율 증가와 유아교육 및 보육에 관한 국민적 관심이 고조되면서 유아교육 정책의 중요성이 강조되었다(박신영, 박은혜, 2019).

2004년 1월 8일 「유아교육법」이 국회본회의를 통과하였고, 2005년 1월 29일에는 「유아교육법 시행령」이 공포되었다. 「유아교육법」 제정은 유아교육, 보호에 대한 독립적인 법 체계를 정비한 것으로 1995년 유아교육 공교육화를 추진한 논의 이후 수차례의 입법화 시도 끝에 이루어진 것이라 의미가 크다.

또한 「유아교육법」 제정은 완전하게 공교육의 틀 속으로 들어왔음을 의미하는 것이며, 유치원이 유아학교로서의 기관법제화, 운영, 재정 및 교원에 대한 기본적인 법률로서 「교육기본법」 제9조의 규정에 의해 유아교육-초중등교육-고등교육-평생교육에 대한 법 체계를 확립한 것으로 출발점 단계의 유아교육에 대한 국가 및 사회의 책무성을 규정하였다는 점에서 의의가 크다. 또한 만 5세아 무상교육에 대한 의무조항을 규정하고, 만 3, 4세 유아에게도 저소득층 자녀부터 점진적으로 무상교육을 실시할 수 있는 법적 근거를 마련함으로 유아의 교육기회를 확대하고 유아교육을 보편적인 교육으로 자리매김하도록 하였으며, 학부모의 교육선택권을 보장한 점에서 의의를 가지고 있다.

표 1-2 「유아교육법」의 주요 내용

영역	내용
목적 및 정의	• 만 3세부터 초등학교 취학 전까지 유치원을 봄 • 유치원은 공공성을 가지며 학생의 교육 외에 학술과 문화적 전통을 유지 · 발전시키고 주민의 평생교육을 위해 노력해야 함 • 유치원 교육은 학생의 창의력 계발 및 인성의 함양을 포함한 전인적 교육을 중시하여 이루어져야 함
책임	국가 및 지방자치단체는 보호자와 더불어 유아를 건전하게 교육할 책임을 짐
유치원의 종류 설립	국립유치원, 공립유치원, 사립유치원
교원의 자격	• 대학에 설치하는 유아교육과 졸업자 • 대학(전문대학 및 이와 동등 이상의 각종 학교를 포함) 졸업자로서 재학 중 소정의 보육과 교직학점을 취득한 자 • 교육대학원 또는 교육부 장관이 지정하는 대학원의 교육과에서 유치원 교육과정을 전공하고 석사학위를 받은 자 • 유치원 준교사자격증을 지닌 자로서 2년 이상의 교육경력을 가지고 소정의 재교육을 받은 자
유치원 생활기록	유치원의 장은 유아의 발달 등을 종합적으로 관찰 · 평가하여 유아생활지도 및 초등학교 교육과의 연계지도를 활용할 수 있도록 하기 위하여 교육부 장관이 정하는 기준에 따라 생활기록부를 작성 · 관리하여야 함
비용	• 초등학교 취학 직전 1년의 유아교육은 무상으로 하되, 대통령이 정하는 바에 따라 순차적으로 실시함 • 무상교육에 필요한 비용은 국가 및 지방자치단체가 이를 부담하되 유아의 보호자에게 지원하는 것을 원칙으로 함 • 유치원의 설립경영자는 교육부령이 정하는 바에 따라 수업료 등 교육비용 그 밖의 납부금을 받을 수 있음

「유아교육법」이 개정되면서, 유치원 교육과정이 공교육의 일부로 통합되었고, 공립유치원은 유아교육의 기본적인 권리로 인식되기 시작했으며, 정부는 저소득층 및 중산층 가정의 교육비 부담을 줄이기 위해 공립유치원 확충에 힘쓰게 되었다. 그러나 처음에 기대하였던 바와 다르게 사립유치원은 「유아교육법」 제정 이후 느끼는 변화는 거의 없었으며 기대가 컸던 만큼 실망감도 매우 컸다. 즉 일예로 「영유아보육법」은 조례가 있어 지자체로부터 지원을 받고 있으나 「유아교육법」은 조례가 별도로 제정되어있지 않아 사립유치원 교원이나 학부모가 정부로부터 적절한 지원을 받지 못한 것으로 나타났다(심은희, 2010).

「유아교육법」에서는 2007년까지 만 5세 유아의 무상교육을 단계적으로 실시하고, 유아교육진흥원을 설립하여 유아교육에 관한 연구와 정보 제공, 프로그램 및 교재 개발, 유치원 연수 및 평가를 담당하도록 하였다. 「유아교육법」의 제정은 유아교육을 독립적인 법체계로 확립함으로써 유 · 보통합체계의 법적 기초를 마련하였으며, 무상보육을 통해 유아교육의 질적 향상과 교육의 접근성을 개선하는 데 중요한 역할을 하였다(이희경, 2006; 주봉관, 2007).

「유아교육법」이 제정된 이후 유치원 수와 원아 수를 살펴보면 2004년에 8,246개원이었던 유치원은 2011년 8,424개로 증가하였고, 2004년 542,713명이었던 원아 수는 2011년 564,834명으로 증가하였다. 기관과 원아 수가 증가된 이유는 유아교육의 제도화와 공교육으로서의 인정, 유아교육에 대한 사회적 수요 증가, 정부의 정책적 지원 확대, 교육의 질 향상과 전문성 강화 등에서 찾을 수 있다. 특히 유치원 수보다 원아 수가 더 빠르게 증가한 현상은 「유아교육법」 이후 대형유치원의 확대, 사립유치원이 제도권 내로 편입되며 정부지원 가능성이 커지고 민간 운영자들이 더 많은 수의 원아를 모집하여 수익성 확보에 주력한 점, 대도시권에서 대형 사립유치원에 대한 선호도 등이 원아 수 증가에 기여하였다.

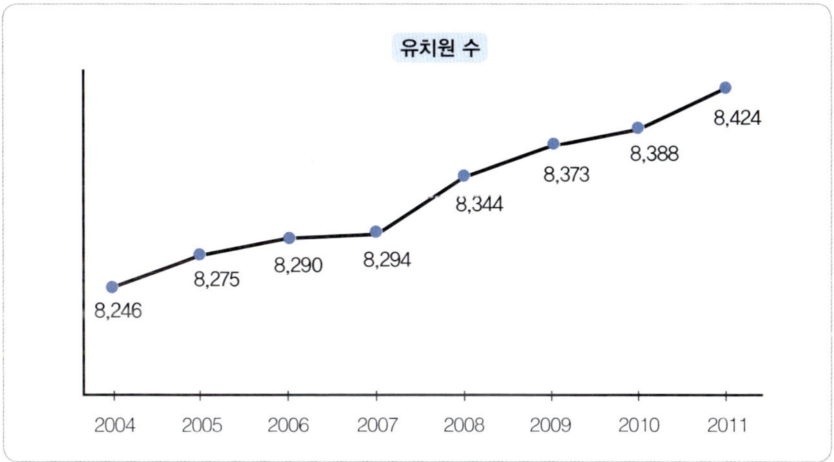

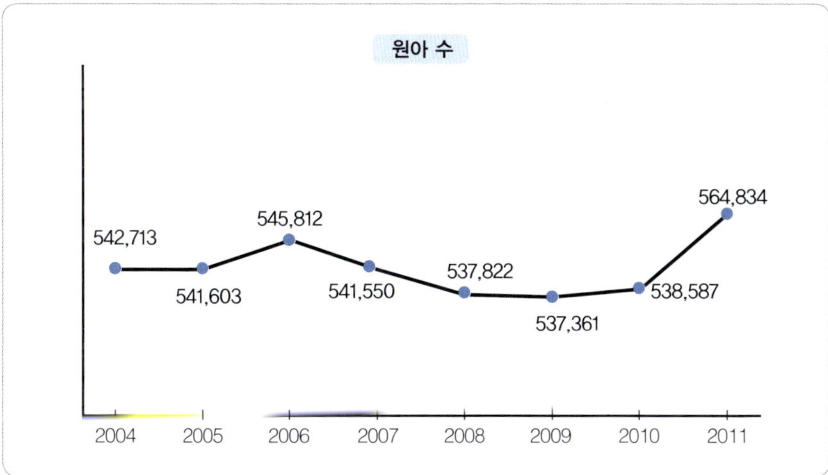

출처: 교육부, 한국교육개발원(2024). 교육통계연보.

② 저출산 대응 및 공공성 기반형성기(2005~2008년)

이 시기는 출산율이 급격하게 떨어지면서 2005년 저출산 고령사회위원회와 저출산고령사회정책본부의 신설을 시작으로 저출산을 극복하기 위해 정부가 적극적인 노력을 시도한 시기이다. 노무현 정부인 2005년 저소득층 둘째아 이상 교육비 지원, 사립유치원 교사용 자료개발비 지원, 사립유치원 기본보조금 시범 등의 정책을 통해 국가가 직접 운영·시행 주체가 아닌 국가 수준의 기관에 의한 공익적 차원의 공공성 확보를 위한 정책 시행도 계속되었다. 또한, 유아교육 공공성을 확보하려는 방안으로 유치원 전환과 일정 조건을 갖춘 미술학원에 재원 중인 저소득층 유아 교육비 지원 정책이 시행되었는데 이는 공공성 측면에서 바람직한 정책이었으나 유치원, 어린이집의 반발로 단기시행 후 종료되었다. 이 시기는 '교육보육비 지원 확대', '0~5세 무상보육 전면 실시' 등의 쟁점이 주요하게 나타났고, 공립유치원의 증설, 사립유치원 교사 지원, 유치원 평가 도입을 위한 연구, 핵심역량 표준설정을 통한 유아교육과정 내실화를 위한 기초 연구 등이 이루어졌다(박신영, 박은혜, 2019). 이명박 정부인 2008년 유아교육 발전계획 5개년 계획(안) 연구가 진행되었으며, 유치원 1주기 평가가 진행되었다. 유치원 1주기 평가는 유치원의 교육의 질 확보와 교육의 공공성 및 책무성 강화, 학부모에게 유치원 선택에 필요한 정보를 제공하였으며, 특히 국가 수준에서 처음으로 공적인 질 관리체계를 시작하였다는데 의의가 있다. 하지만 서류중심의 보여주기식 평가의 흐름이나 교사의 업무부담이 증가하였다는 점, 평가 후 개선에 대한 구체적인 지원이 미흡한 점 등의 문제점이 제기되기도 하였다.

③ 유아교육선진화 사업

2009년 5월 교육과학기술부는 학부모의 유아학비 부담 경감과 양질의 유아교육선진화사업단을 보편화하고자 유아교육 선진화 사업 추진을 결정하였고, 7월에 TF를 구성하여 4개월간 운영하였으며 이러한 사전작업을 토대로 2009년 12월 유아교육선진화 추진계획(교육과학기술부, 2009. 12. 08 보도자료)을 발표하였다. 유아교육 선진화사업의 추진계획은 다음과 같다.

표 1-3 유아교육선진화 추진계획의 주요 정책 분야 및 핵심과제

정책 분야	핵심 과제
1. 유아학비 부담 경감	1) 공립유치원 확충 및 적정규모 육성 2) 사립유치원 교육역량 제고 3) 기업체 등의 부설유치원 설립 · 운영 활성화 4) 유아 무상교육의 단계적 확대 5) 유아대상 영어학원 등의 탈법 단속 및 제도 개선
2. 선진 유아교육 제도 구축	1) 유치원비 등 유치원 정보공지제도 도입 2) 유치원 재무회계규칙 및 신용카드 납부제 도입 3) 유치원 운영위원회 운영 4) 유치원 평가 지속 발전 5) 유아교육 발전계획 수립 및 연차보고서 발간
3. 미래지향적 교육과정 운영	1) 미래지향적 교육과정 개편 2) 유치원 종일제 운영 내실화 3) 다양한 심화 · 특성화 활동 프로그램 개발 · 보급 4) 지역사회 공 · 사립유치원 협력체제 구축 5) 교사도우미 로봇 등 첨단과학기술 활용
4. 우수교원 배치 · 활용	1) 유치원 교원 양성 및 임용제도 개선 2) 전문성 제고를 위한 맞춤형 연수 · 장학 지원 3) 교원능력개발평가 단계적 도입 4) 우수 교사 발굴 · 지원 및 사립유치원 교원 처우개선 5) 공립원장 평가 · 공모제 도입
5. 유아교육 지원 체계 강화	1) 유아교육 종합정보시스템 구축 2) 지역별 유아교육 체험시설 확대 구축 3) 지방자치단체 투자 확대 및 협력 · 연계 강화 4) 유아교육 지원기관 육성 및 효율적인 역할분담 5) '유아교육 바로알기' 홍보 강화

유아교육선진화 사업은 육아정책연구소에서 함께 진행하였고 추진계획과 평가를 보면, 대표적인 과제로는 유아 무상교육 단계적 확대, 기업체 등의 부설유치원 설립, 운영 활성화, 유치원 정보공시제 도입, 유치원 재무회계 규칙 도입, 유치원 운영위원회 도입, 유치원 교원양상 및 임용제도 개선 교원능력개발평가 단계적 도입, 공립원장 평가 공모제 도입, 유아교육종합정보시스템 구축 등이다. 이외에 법령 재개정 없이도 추진할 수 있는 과제

로는 사립유치원 지원, 공립유치원 확충 및 적정규모 육성, 유치원 평가, 유치원 종일제 내실화, 유아교육홍보 강화 등의 과제들이 있었다. 선진화사업으로 현장의 주요한 변화는 유치원 등록행정의 정보화 시스템(NEIS)의 도입, 표준화된 교육과정과 평가체계의 도입을 위한 노력, 학부모 대상의 홍보 및 정보제공 강화, 저소득층 유아학비지원으로 취약계층에 대한 접근성 강화 등으로 나타났다. 선진화사업은 추후 누리과정 도입과 유보통합 추진으로 이어지는 주요한 기반을 마련하였다.

추진계획의 평가에 있어서는 선진화 추진계획 내용이 정책 목표 달성에 적합하다는 평가에서는 그렇다는 평가가 76.2%로 나타났으며, 반면 정책 전달과정에 체계적인지를 묻는 질문에서는 그렇지 않다의 부정적 반응이 59%로 절반 이상으로 나타났다. 자체평가결과보고서에 의하면 가장 필요도가 높은 과제는 유아학비 부담 경감 분야의 유아무상교육 단계적 확대와 유아대상 영어학원 탈법제도 개선이었고, 가장 필요도가 낮은 과제는 미래지향적 교육과정 운영분야의 교사도우미 로봇 첨단과학기술 활용이었다. 계획 대비 달성도가 가장 높은 과제는 미래지향적 교육과정 운영분야의 '유치원 종일제 운영 내실화'이고 가장 낮은 과제는 같은 분야의 '교사도우미 로봇 첨단과학기술 활용'이었다(김은영, 최은영, 2012).

(6) 2010년대 이후(2012년)~현재: 유치원 3법 개정/무상교육 확대 및 국가책임 강화/유보통합 추진

2010년 이후에는 2012년 누리과정 전면 도입(만 3~5세)으로 교육과 보육 통합 커리큘럼이 유치원과 어린이집에 동일 적용되었고, 2019년 「유아교육법」의 개정으로 유치원 공공성 · 투명성 강화를 위한 국가관리회계시스템(에듀파인)의 도입이 의무화되었다. 이러한 변화는 국가의 재정지원이 들어

가는 사립유치원과 보육시설의 재정투명성과 공공성을 강화하기 위한 노력으로 볼 수 있다. 또한 2021년은 「유아교육법」의 정부 개정안(논의)과 유보통합(유치원+어린이집) 관련 제도에 대한 논의가 가속화되었던 시기이다.

① 누리과정 시행 및 공공성 확립기(2009~2013년)

이명박 정부에서는 2009년 '아이가 행복한 미래형 학교'라는 비전하에 학부모의 유아 학비 비용을 절감하고 선진 유아교육 제도 구축으로 유아교육 서비스의 질을 높이려고 하였다. 이를 통해 교육비가 저렴한 유치원 확충, 재정지원에 따른 투명성과 책무성 제고, 양질의 서비스를 받을 수 있는 여건 조성, 교원 처우 개선 및 전문성 강화를 통한 교육의 질 향상 등의 핵심과제를 추진하였다(김은영, 최은영, 2012). 정부는 만 5세는 2012년부터, 만 3~5세는 2013년부터 공통으로 누리(교육)과정을 적용하고 유치원, 어린이집 모든 유아에게 지방 교육재정교부금을 통해 누리과정 지원금을 지원하고자 하였다. 누리과정 제정은 유아교육과 보육의 이원화된 체계에 동일한 교육과정을 적용하기 위한 첫 형식적 통합과정이며, 소득과 무관하게 모든 유아에게 무상교육을 보장하기 위한 보편적 복지의 실현으로 학부모가 영유아를 어느 유아교육기관을 보내는지에 상관없이 교육내용의 차이가 없도록 유아교육의 관리체계를 일원화하고자 한 기반을 마련한 것이다. 즉 누리과정이 확대 도입됨으로써 우리나라의 모든 만 3~5세 유아들에게 유아교육 · 보육과정이 통합된 연령별 누리과정이 도입되었고, 취학 전 교육의 질을 제고하여 생애초기 평등을 보장 할 수 있게 되었다.

2010년대 정부는 유치원의 공공성 강화를 위해 공립 단설유치원을 확대하였고, 단설유치원은 병설유치원과 달리 독립된 유치원 건물과 시설을 갖춘 형태로, 전문화된 교육 환경을 제공하기 위해 설립되었다. 특히 대도시 및 농어촌 지역에서 공립 단설유치원의 수가 증가하였다. 2012년 「유아교육법」이 일부 개정 공포되므로 부모의 유아교육 비용 부담경감과 저출산 문제 해결을 목표로 초등학교 취학 직전 3년의 유아교육 비용을 국가 및 지방자치단체가 부담하기로 하였고, 2015년부터는 교육청의 지방교육재정교부금(국세의 20.27%)으로 전액 부담하기로 하였다.

② 유아교육 공공성 강화기(2014~2019년)

박근혜 정부 집권 2년 차부터 문재인 정부 집권 2년 차까지의 기간이다. 2014년에는 어린이집과 유치원으로 이원화되어 있던 누리과정 지원금 결제카드 통합, 2015년 분리되어 있던 정보공시 통합방안을 논의 및 확정하였다. 2016년 '처음학교로' 입학 시스템 도입 논의, 2017년 누리과정 지원금의 예산확보 및 집행주체를 놓고 갈등을 빚었다. 문재인 정부에서는 이전 정부에서 문제시되었던 누리과정 예산 전체를 국가 부담으로 시행함을 공표하였다. 또한, 공공성을 확보하기 위해 공교육 확대 방안으로 2018년 국공립유치원 40% 조기 확충을 발표하였으며, 전체 유치원 교육의 약 75%를 담당하고 있는 민간 사립유치원에 대해서도 다양한 공공성 강화방안을 제시하였다. 2018년 유치원의 공공성 강화를 목표로 사립유치원의 비리 문제가 사회적 이슈가 되면서 공립유치원의 신설 필요성이 더욱 강조되었고, 정부는 공립유치원 취원율을 높이기 위해 병설 및 단설유치원을 지속적으로 신설하고, 2021년까지 공립 취원율 40%를 목표로 설정하였다.

2017년 12월 정부가 발표한 공공성 강화를 통한 유아교육의 혁신 방안의 주요내용으로는 1) 국공립유치원 확대 및 건전한 사립유치원 육성 · 지원을 통한 유아교육의 공공성 강화, 2) 유아가 중심이 되는 교육 패러다임 전환 및 영유아 대상 과도한 사교육 문화 개선하여 교실 혁명을 통한 유아 중심의 교육문화 조성, 3) 유아교육환경 조성 및 학부모 참여 강화로 유아의 건강한 발달 지원과 교원의 업무분담 완화를 통한 유아와의 상호작용을 강화하여 교육공동체가 유아의 건강한 발달 지원, 4) 유아교육 혁신을 위한 행정시스템 구축이었다. 2019년 누리과정이 개정됨으로써 유아중심, 놀이중심교육이 강화되었고, 교사의 자율성이 확대되었으며 지식 전달의 교육과정에서 유아의 주도성과 자율성, 문제해결능력, 의사소통 능력 등 유아 역량을 강화하기 위한 교육과정 과정으로 개정되었다. 개정 누리과정 이후 기관의 특성, 유아 개개인의 특성을 고려한 교육과정으로 교사의 전문성이 더욱 요구되면서 수업운영방식 또한 유아의 선택권과 놀이시간 증가, 정형화된 활동 공간에서 유아의 탐색과 다양한 표현을 할 수 있도록 개방적 놀이공간을 확대하며, 학습공동체를 통한 교사의 반성적 성찰과 유아의 말에 귀기울이는 교사의 철학함을 어우르는 유아교육의 본질적 방향을 재정립하는 계기가 되었다.

비전	유아교육에 대한 국가책임 강화와 교육문화 혁신	
목표	• 국가 책무성 강화를 통한 양질의 유아교육 및 실질적 교육기회 평등 보장 • 유치원, 교원, 학부모 등 교육공동체와 함께 유아발달 지원 • 교육현장과의 협력체계 구축을 통한 유아교육 공공성 확보	
추진과제	① 유아교육의 공공성 강화를 통한 교육의 희망사다리 복원	• 국공립 유치원 확대를 통한 국가책임 강화 • 희망사다리 복원을 통한 실질적 교육기회 평등 실현 • 건전한 사립유치원 육성 · 지원을 통한 공공성 강화
	② 교실 혁명을 통한 유아 중심의 교육문화 조성	• 유아가 중심이 되는 교육패러다임 전환 • 영유아 대상 과도한 사교육 문화 개선
	③ 교육공동체와 함께 유아의 건강한 발달 지원	• 학부모가 안심할 수 있는 유아 교육환경 조성 • 학부모 참여 강화로 유아의 건강한 발달 지원 • 교원의 업무부담 완화를 통한 유아와의 상호작용 강화
	④ 유아교육 혁신을 위한 행정시스템 구축	• 현장에 적합한 평가체계 마련 • 사립유치원 행정지원 체계 정비
추진체계	교육부–교육청–현장(유치원, 교사, 학부모), 관계부처(기관) 간 종합적 · 체계적 지원체계 구축	

그림 1-1 교육부 유아교육 혁신방안 비전 및 추진과제 체계

출처: 교육부(2017).

③ 유치원 3법의 추진

유아교육에서 '유치원 3법'의 통과는 우리나라 유아교육 역사의 이정표로 남을 것이다. 유치원 3법이란 「유아교육법」, 「사립학교법」, 「학교급식법」을 의미한다. 유치원 3법은 2018년 사립유치원의 비리에 대한 논의에서 시작되었는데, 감사결과 사립유치원의 91.6%에서 다양한 위반 사례가 발견되었고 사적 목적을 위해 유용한 일부 유치원의 비리와 도덕적 해이가 문제가 되었다(이미영 외, 2021). 유치원 3법의 구체적인 내용은 〈표 1-4〉에 제시된 바와 같이 국공립유치원과 마찬가지로 사립유치원의 회계 투명성 확보를 위해 국가관리 회계시스템(에듀파인) 도입을 의무적으로 사용해야 하며, 정신질환자, 마약중독자 등이 유치원을 설립할 수 없도록 유치원 설립의 결격 사유를 신설했고(「유아교육법」), 회계부정 시 처벌규정을 제시하여 주요 교비를 부정 사용한 경우 징역형 등 처벌을 받을 수 있으며(「사립학교법」), 유치원도 「학교급식법」의 적용 대상으로 포함하여 안전관리 및 위생기준을 강화하였다(「학교급식법」)(이윤진, 2020). 즉 회계의 투명성 강화, 학부모의 알 권리를 보장하고, 유아의 먹을거리 안전을 보장하며, 교육의 질을 개선하고자 하는 것이다. 이로써 유치원의 절대 다수를 차지하고 있는 사립유치원의 공공성 담보가 마련되었다.

유치원 3법은 공공성 제고라는 정책효과를 위해 실시되어 긍정적인 효과가 기대되는 한편, 이익 주체 간 갈등이 조율되지 않고 패스트트랙으로 정책 결정이 급하게 이루어지면서 정책 결정에 따른 부작용이 우려되는 상황이다. 유치원 3법의 통과와 시행에 따라 기존의 지적되어 온 갈등과 부조리의 해소 상태에 대한 기대와 더불어 사립유치원을 규제하는 정책은 장기적으로 어린이집을 포함한 한국유아교육에 미칠 수 있는 부정적 영향을 간과하기 어렵다(김희정, 2020). 유치원 3법의 유치원 운영 실태의 변화와 관련된 연구에서는 「사립학교법」 개정 관련해서 현장에서는 유치원의 설립-

운영 간 분리가 이미 이루어져 있었으며, 「유아교육법」 개정 관련, 운영위원회 회의록 공개와 자체평가결과서 공개 간 차이가 있었다고 보고하였다. 「학교급식법」과 관련해서는 급식법을 적용, 영양교사 배치 등과 관련한 변화에 대한 현장의 인지도가 높았다. 하지만 법령 개정에 공립과 사립 간 차이가 정책에 반영되지 못했다는 점과 행정 업무 증가에 따른 전담인력 인건비 지원이 미비하다는 점 등이 문제점으로 제기되었다(신하영, 이미영, 2022)

표 1-4 유치원 3법의 주요 내용

유치원 3법	주요 내용
「유아교육법」 ('20.7.30. 시행)	사립유치원의 회계 투명성 확보를 위해 국가관리 회계시스템(에듀파인) 도입을 의무화 • 유치원이 운영정지 명령을 받고 명칭을 바꿔 다시 개원하지 않도록 설립을 제한하고, 유치원 설립의 결격사유 명시(제8조, 제8조의2, 제8조의3) • 유치원 회계관리에 유아교육정보시스템(에듀파인) 사용 의무화(제19조의2) • 유치원운영위원회 회의록 작성 및 공개 의무화(제19조의3) • 유치원의 보조금 · 지원금 부정 사용에 대한 반환명령 신설(제28조) • 위반사실이 공표 근거 신설(제30조의2)
「사립학교법」 ('20.7.30. 시행)	유치원 설립자 및 원장의 결격사유를 강화하고, 회계 부정 시 처벌 규정을 신설 • 교비회계에 속하는 수입 및 재산의 부정사용 금지 의무를 법률에 규정하고, 이를 위반한 경우 처벌하도록 함(제29조) • 유치원만을 설치 · 경영하는 학교법인 이사장의 경우 유치원장을 겸직할 수 없도록 함(제23조)
「학교급식법」 ('21.1.30. 시행)	유치원 급식에 대한 안전관리 및 위생기준을 강화 • 유치원도 「학교급식법」 적용을 받도록 함(제4조) • 유치원운영위원회의 심의 · 자문을 거쳐 일정 요건을 갖춘 경우에만 급식업무를 위탁하도록 함(제7조) • 유치원에도 영양교사(또는 영양사)를 배치하도록 함(제15조)

출처: 이지은(2020). 유치원 3법 통과 이후 유아교육의 변화.

④ 2010~2024년 유치원 수 및 원아 수 현황

2010년 이후부터 현재까지 공사립유치원 수 및 원아 수를 통계자료로 제시하면 〈표 1-5〉와 같다. 2011년에서 2024년 유치원 수와 원아 수를 비교하면 2011년 유치원 수는 8,424개였고 원아 수는 564,834명이며, 2024년에는 8,294개원으로 감소하였으며, 498,604명으로 원아 수 또한 대폭 감소하였다. 사립과 국공립의 유치원 수를 비교하면 2024년 현재 국공립은 5,108개, 사립은 3,186개로 유치원 수는 국공립이 많지만 원아 수는 498,604명 중 국공립이 145,643명, 사립이 352,961명으로 더 많은 것을 볼 수 있다. 또한 유아교육 취원율은 94.3%로 만 3~5세 유아의 열 명 중 아홉 명 이상이 유치원이나 어린이집에 다니고 있다. 최근 15년간 국공립 및 사립유치원 수, 원아 수에 대한 연도별 추이 자료를 표로 정리한 것을 보면 국공립유치원 수는 10년 동안 증가하였으며, 사립유치원 수는 감소하였고, 마찬가지로 국공립 원아 수는 증가하였으며, 사립 원아 수는 감소하였다.

표 1-5 최근 15년간 공사립유치원 및 원아 수 변화 추이

연도	국공립 유치원 수	국공립 원아 수	사립 유치원 수	사립 원아 수	전체 유치원 수	전체 원아 수
2011	4,502	126,095	3,922	438,739	8,424	564,834
2012	4,525	127,347	4,013	486,402	8,538	613,749
2013	4,577	142,052	4,101	516,136	8,678	658,188
2014	4,619	148,269	4,207	501,277	8,826	652,546
2015	4,678	161,339	4,252	621,214	8,930	682,553
2016	4,696	170,349	4,252	533,789	8,987	704,138
2017	4,747	172,521	4,282	522,110	9,029	694,631
2018	4,801	172,370	4,220	503,628	9,021	675,998
2019	4,859	170,330	3,978	456,583	8,837	633,913

연도	국공립 유치원 수	국공립 원아 수	사립 유치원 수	사립 원아 수	전체 유치원 수	전체 원아 수
2020	4,976	178,901	3,729	433,637	8,705	612,538
2021	5,061	177,361	3,599	405,211	8,660	582,572
2022	5,116	167,485	3,446	385,327	8,562	552,812
2023	5,133	155.661	3,308	369,133	8,441	521,794
2024	5,108	145,643	3,186	352,961	8,294	498,604

출처: 교육부, 한국교육개발원(2024). 교육통계연보.

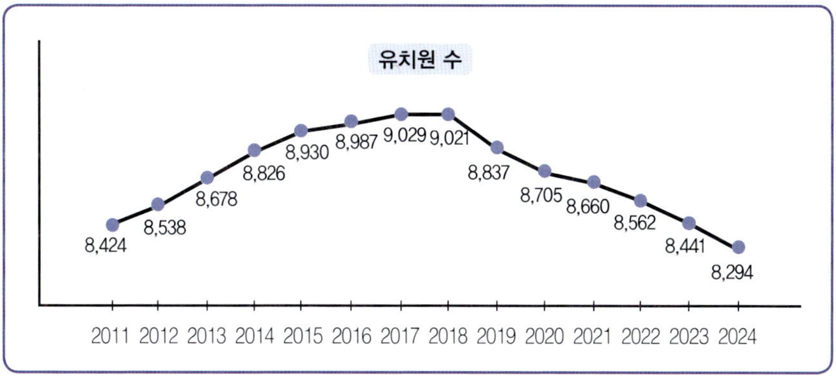

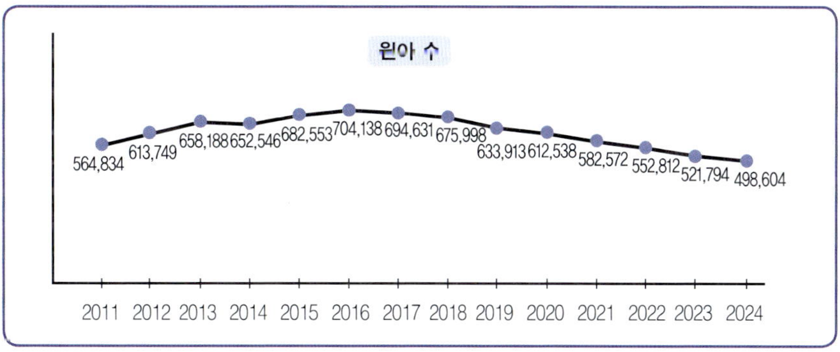

출처: 교육부, 한국교육개발원(2024). 교육통계연보.

⑤ 유보통합 추진 및 공공성 재정립기(2020~2024년): 유아교육과 보육의 통합을 통한 공공성 재정립 시기

유보통합은 2022년 윤석열 정부에서 유보통합 추진을 국정과제로 설정하였으며, 2023년 1월 유보통합 추진방안을 발표하고 유보통합 추진위원회를 구성하였다. 이후 일원화 방안으로 보건복지부와 지방자치단체의 영유아보육 업무를 교육부, 시도교육청으로 이관하되 중앙, 지방으로 순차적인 이관을 시행하도록 발표하였다(2023년 7월). 정부는 2023년 12월 「정부조직법」을 개정하고 이를 통한 단일부처 중심 추진 기반 마련을 계기로, 영유아 교육 · 보육 질 제고 및 유보통합을 위한 제도 개선을 본격 추진하였다. 유보통합의 추진배경으로는 첫째, 저출생 위기극복을 위해 학부모가 원하는 시기에 자녀를 믿고 맡길 수 있는 질 높은 교육 · 보육환경 조성이 필요하며, 둘째 영유아의 건강한 성장을 위한 생애초기교육의 중요성, 셋째, 장기간 이원화된 체계로 인한 기관 간 차이(유치원, 어린이집의 법령 및 제도, 행정 관리체계가 다름으로 나타난 운영시간, 운영일수, 교사자격, 양성체계, 시설기준 등)가 지속됨으로써 유보통합으로 영유아 교육과 보육 체계의 대전환이 필요하다는 인식에서 추진하게 되었다. 하지만 현장의 목소리를 들었을 때 유치원-어린이집 간 상이한 기준을 단일화하는 것만으로는 한계가 있으며, 학부모 · 영유아 · 교사 등 수요자가 체감할 수 있도록 입체적 접근 필요함을 토로하고 있다(교육부, 2024).

⑥ 2022~2027년 유아교육 중장기 발전 계획

지난 10년간 정부는 유아교육과 보육에 대한 국가책임, 즉 공공성과 형평성 강화를 정책의 기저에 두고 영유아의 행복을 추구해 오고 있다. 정부는 문재인 정부는 100대 국정과제의 일환으로 유아교육과 보육 관련하여 ‘미래세대 투자를 통한 저출산 극복’(국정과제 48), ‘유아에서 대학까지 교육의 공공성 강화'(국정과제 49) 등을 포함하고 있다. 대표적인 정책과제로 일 · 가정 양립 지원 강화, 아동보호 종합지원체계 구축, 국공립유치원과 어린이집 이용률 증대, 유치원과 어린이집 격차 완화, 온종일 돌봄체계 구축 등을 들 수 있다. 교육부는 출발선 평등을 실현하기 위하여 「제2차 유아교육 발전 기본계획: 유아교육 혁신방안」(2017. 12월)을 발표하여 누리과정 재정지원금 확보, 유아교육과 보육의 격차 해소, 유아놀이중심 누리과정 개정과 시행, 보육지원체계 개편 등을 구현하고자 노력하고 있다. 유아교육과 보육의 중장기 발전방안은 다음과 같다(문무경 외, 2021).

향후 유아교육과 보육 정책의 방향성

- 유아의 웰빙과 건강한 성장을 최우선
- 영유아 주도와 참여를 강조한 유아교육과 보육의 질 제고
- 포용적 공생 사회를 위한 생애초기부터 통합교육 강화
- 틈새 없는 돌봄서비스 체계 마련 및 부모의 자녀양육 지원 강화
- 지역별 균형 발전과 조화

유아교육과 보육의 공통 핵심과제

- 무상 유아교육과 보육의 완성(만 5세 무상교육 실시를 통한 단계적 공교육화, 누리과정 지원단가 현실화)
- 교육과 돌봄을 함께 하는 유보체제 통합(유보통합추진위원회 구성 및 마스터 플랜 담당, '영유아학교'로 명칭 통일, 미래형 영유아교원 자격기준 및 양성체제 총합, 양성기관의 질 관리)
- 유아교육과 보육 서비스의 질 제고(교사 대 영유아 비율 감소, 개정 누리과정 교원 연수체제 혁신, 안전하고 창의적인 환경 제공)

2004~2011년:

- 유아교육과 보육의 병행 정책 강화(이원적 운영)
- 「유아교육법」과 「영유아보육법」으로 교육과 보육이 분리된 채 각각 관리됨
- 유치원 법적 위상 확립
- 만 5세 무상교육을 중심으로 양 부처(교육부, 복지부)의 협력 시작됨
- 누리과정 도입을 통한 교육-보육 내용 통합 시도
- 유아교육의 무상화와 공공성 확립
- 유치원 평가 시범 사업 실시 및 평가 제도화

2012~2016년: 누리과정 본격 시행과 행정 갈등

- 누리과정을 통해 유아교육의 보편성 강화
- 동시에 예산 분담 문제로 중앙-지방자치단체 간 갈등 심화

2017~2019: 사립유치원 회계 투명성 강화

- 유치원 비리 사건을 계기로 유치원 3법 제정
- 사립기관 회계문제로 투명성 강화 정책 추진
- 사립유치원도 공공성과 책임성 강화
- 유보통합 본격 논의

2020~2024: 유아교육의 질 제고와 유보통합 전환기

- 놀이 중심 교육과정(누리과정 개정), 교사 전문성 강화
- 유보통합 시범사업, 법 제정 준비: 보육-교육 이원화 문제 해결 본격화
- 유보통합 추진을 통해 유아교육과 보육의 통합을 통한 공공성 재정립

3. 유아교육에 대한 사회적 개념 변화

유아교육에 대한 사회적 인식은 이전보다는 많이 중요성이 강조되고 있지만, 여전히 유아교육을 전공하지 않은 일반인들은 그 중요성에 대해 교육적 측면이라기보다 조기교육이나 보호적 차원에서의 돌봄으로 인식하고 있다. 유아교육의 중요성은 연도별로 차이를 보이는데 과거 1970년대와 80년대에는 보육 중심의 인식으로 아이를 돌봐주는 곳이라는 인식이 많았지만, 1990년대 이후에는 교육적 기능이 부각되어 교육에 대한 관심이 중요해졌고 보육과 교육의 통합 필요성이 논의되기 시작하였다. 신문기사를 통해 본 유아교육의 중요성에 대한 인식 변화로는 1960년대에는 유치원 교육의 본질을 이해시키는 기사들이 많이 나왔고, 1970년대에는 유치원의 양적 증대에 대한 요구의 반영, 「유아교육진흥법」 이후에는 유아교육의 양적 확충에 대한 기사가 많았다. 1980년대에는 유치원의 양적인 팽창과 더불어 1980년대 후반에는 질적인 유아교육의 필요성에 대한 기사가 많았고, 1990년대 이후에는 여성이 사회진출과 더불어 보육사업 및 유치원 사교육 시장의 문제를 다룬 기사들이 많았다(정미라 외, 2006).

1) 유아교육의 중요성에 대한 사회적 인식

유아교육의 중요성은 생애초기 학습의 중요성 및 뇌발달 강조, 사회적 변화와 특성을 반영하여 강조되었다. 50년 넘게 과학자들은 초기학습의 중요성과 유아기 발달을 연구하고 그 중요성을 강조하고 있다. 유아기(출생부터 8세까지)의 뇌발달을 강조하는 연구에서는 1백만 개가 넘는 신경세포가 매초 연결이 형성되며, 시냅스의 연결로 기본적인 시각, 청각과 같은 감각 경험, 초기 언어능력을 형성하고 더 높은 인지기능을 발달시키므로 영유아기의 초기 경험이 중요함을 제시한다. 유아들에게는 안정감이 필요하고, 어린 시기의 경험은 미래 학습의 기반을 마련하게 된다. 뇌 과학 연구들도 유아기는 두뇌 발달의 속도가 가장 빠른 시기이며, 인간의 종합적인 사고 기능과 인간성 및 도덕성을 담당하는 전두엽이 집중적으로 발달하는 시기로 어떤 과제를 가장 잘 학습할 수 있는 결정적 시기라는 것이다. 따라서 이 시기를 놓치면 회복이 어려울 뿐만 아니라 인생 전체의 발달을 결정하는 데 중요한 역할을 하므로 유아교육의 중요성은 그 어떤 시기의 교육보다 중요하다고 말하고 있다.

또한 최근 미래인재 양성을 위한 창의인성 교육의 강조, 저출산 고령사회에서의 인구의 급격한 감소 및 자녀출산 부족으로 인한 사회 변화 등이 유아교육 정책에도 많은 영향을 미치고 있다. 우리나라에서도 '저출산고령사회' 정책을 시행하여 저출산고령화 사회에 대비한 저출산 정책 및 생애 초기 교육에 대한 강조를 유아교육정책에 반영하고자 노력하고 있다.

최근에는 교육 패러다임이 바뀌면 사회가 요구하는 인재상도 달라지고 있고, 이에 따라 유아교육 분야에서도 핵심역량에 대한 이야기를 제시하고 있다. 세계경제포럼은 4차 산업혁명 시대에 요구되는 핵심 기술로 기초문해력(문해력, 수학능력, ICT 문해력, 재정 문해력, 문화 및 시민 문해력), 역량(비판적 사고/문제해결, 창의성, 의사소통 능력, 협업 능력), 성격적 특성(호기심, 진취성, 지구력, 적응력, 리더십, 사회문화적 인식)을 제시하고 있다. 이러한 핵심 능력을 갖춘 인재들을 길러내는 것이 4차 산업혁명 시대의 교육 과제인 것이다. 또한 쿠나(Cunha, Heckman, Lochner, & Mastervov, 2005) 등 경제학자들은 인간 생애 시기별 교육 기회비용에 대한 경제 및 재정 효율성에서 유아교육이 교육기회비용 효과의 효율성이 가장 높다고 밝혀냄으로써, 영유아기에 대한 교육투자가 가장 효과적이라고 제시하였다.

이와 같이 영유아기는 발달심리학적인 측면, 교육학적인 측면에서 매우 중요한 시기이며, 사회적인 변화에 따라 적절한 교육과정을 운영함으로 미래사회를 이끌어 갈 인재를 양성하도록 노력해야 할 것이다.

(1) 현대사회에서의 아동의 권리에 대한 인식 및 아동관

과거에는 아동을 성인의 축소판이나 미성숙한 존재로 보았으나, 현대사회에서는 아동을 독립적 인격체로 인식한다. 이는 아동이 고유한 본성과 권리를 지닌 존재로 존중받아야 함을 의미한다. 이에 현대사회에서는 아동의 권리를 강조하며, 아동이 자신의 의견을 표현하고 존중받을 수 있는 환경을 조성하는 것이 중요하다고 인식된다. 유아기의 발달에 대한 중요성을 인식하고, 놀이중심 교육의 중요성을 강조하고 있다. 하지만 이러한 중요성 인식과 더불어 과연 유아들의 놀 권리가 인정되고 있는지 살펴보아야 할 것이다.

① 아동의 놀 권리에 대한 인식

우리나라는 1991년 국제 인권조약인 「유엔아동권리협약」에 비준함에 따라 아동의 놀 권리에 있어 국제 규정을 따르고 있다. 「유엔아동권리협약」 일반논평 17호에 따르면 놀이는 아동 자신의 동기와 목적에 의해 이루어져야 하고 목적을 위한 수단이 아닌 그 자체를 위해 수행되어야 하며 재미와 불확실성, 자발성, 도전, 유연성, 비생산성의 특징을 가진다. 또한 우리나라 국내법에서도 아동의 놀 권리보장을 명시하고 있다. 「대한민국 헌법」 제10조에서는 아동이 놀고 싶을 때 놀 수 있는 자유를 통해 행복을 추구할 권리가 있음을 규정하고 있으며, 「아동복지법」 제24조에서는 아동의 권리보장과 복지증진을, 제52조 제8항에서는 지역아동센터의 아동 보호 및 건전한 놀이와 오락의 제공을 「어린이놀이시설 안전관리법」에서는 어린이놀이시설의 설치 및 유지 안전관리 체계 등을 명시하고 있다.

하지만 아동의 놀 권리 실태를 파악한 연구(김은희, 정혜진, 2022)에서는 이러한 아동의 놀 권리가 충분히 보장되고 있지 않음을 확인하였다. 경기도에 거주하고 있는 총 635명의 부모를 대상으로 설문조사를 진행한 결과, 놀이를 성장과 발달의 원동력으로 인식하고 자녀가 놀이를 통해 뭔가 배우기를 바라고 있지만 유엔아동권리협약을 알거나 권리로서 놀이를 인식한 부모는 평균 4.6%에 그치는 수준이며 놀이에 관한 교육 경험 역시 낮은 수준으로 놀이 및 놀 권리에 대한 인식이 낮은 것으로 드러났다. 또한 부모는 아동에게 필요한 적정 놀이시간보다 자녀가 적게 놀이한다고 생각하였고 아동과 놀이를 할 때, 체력적 한계와 놀이 방법을 몰라 어려움을 느낀다고 호소하였다.

② 아동권리에 대한 인식

한편 아동의 권리존중과 관련된 연구를 통해서 보면 최근 아동학대 이슈가 문제화되면서 아동학대 관련 기사들이 많이 나오고 있고, 이에 따라 유아교육에 대한 불신이 가속화되고 있음을 지적하고 있다. 최근 아동학대가 사회적으로 심각한 문제로 인식되면서 우리 사회는 영유아 교사를 잠재적 아동 학대자로 보는 부정적인 관점이 확산되어 가고 있다(한정신, 2016). 아동학대 문제의 해결과 교사에 대한 부정적 인식은 대표적인 유아교육시설 중 하나인 어린이집의 CCTV 전면 설치라는 결과를 낳았다. 이러한 조치는 영유아 교사들을 감시의 대상으로 규정함으로써 잠재적 범죄자로 인식하는 부정적 여론을 형성하게 되고(PD수첩, 2015), 교사의 인권이나 교권이 심각하게 침해되는 사태를 불러일으키고 있다(전효숙, 조효미, 2019에서 재인용).

유치원 교사에 대한 신문기사의 내용을 분석한 결과 대부분의 기사들은 유치원 교사의 '사회 경제적 특성'에 관한 내용을 다루고 있었는데 그중에서도 근무 여건과 관련된 '복지'에 관한 내용을 가장 많이 다루고 있었다.

이는 사회변화에 따라 사회 전체가 유아교육의 중요성을 강조하기 시작하면서 특히 학부모들이 유아교육 현장의 질에 대한 인식과 요구가 높아진 결과와 관련이 높다. 유아교육의 중요성에 대한 관심의 증가는 유아교육 관련 제도 및 교육과정과 교육내용 등으로 그 관심이 확대되었는데 특히 교사의 질이 무엇보다 중요한 요인임에 동의하는 것이다. 유치원 교사의 질 향상을 위해서는 양성과정 및 교육도 중요하나 무엇보다 중요한 것은 근무여건과 유치원 교사에 대한 사회적 인식이라는 것에 대한 사회적 공감대가 확산되었음을 알 수 있다(전윤숙, 조효미, 2019).

유아교육의 중요성에 대한 시기별 인식 변화

1990년대부터 2020년대까지 대한민국 언론에서 유아교육의 중요성에 대한 사회적 인식 변화를 시기별로 정리한 부분을 살펴보면 다음과 같다. 1990년대에는 유아교육의 공공성에 대한 논의가 시작되었으며, 유아교육의 중요성이 점차 부각되었고, 교육적 기능으로서의 유아교육을 시행하였다. 2000년대에는 「유아교육법」 제정과 무상교육 기반 형성을 통해 유아교육의 제도화와 공공성이 강화되었고, 국가의 책임과 교육복지로서의 유아교육이 실현되었다. 유아교육의 공교육화와 정책적 관심이 증가하여 신문기사를 통해 본 유아교육에 대한 인식은 유아교육의 공교육화의 필요성, 무상교육 확대, 교사 전문성 강화 등의 주제가 주로 다루어졌다(장영훈, 이지현, 2020). 또한, 유아 영어교육 열풍과 관련된 기사들도 증가하였으며, 이는 사교육 시장의 확대와 관련이 있어서(전홍주, 2011) 국가적으로도 유치원 종일제 인증 프로그램에 대한 연구 등으로 사교육 시장과 조기교육의 문제를 제기하기 시작하였다. 2010년대에는 누리과정 시행과 사립유치원 문제를 계기로 유아교육의 무상화와 공공성 확립이 이루어졌고, 유보통합 추진을 통해 유아교육과 보육의 통합을 통한 공공성 재정립이 진행되고 있다. 즉 유아교육을 국민이 누려야 할 보편적 권리로 인식이 전환되었고, 2020년 개정 누리과정 이후 유아의 놀이권, 자율성, 주도성을 강조하여 유아의 권리중심이 강조되었다. 2010년 이후에는 유보통합에 대한 논의와 유아교육의 질적 향상을 강조한 시기로 언론에서는 유아교육의 질적 향상, 놀이 중심 교육의 중요성, 교사 전문성 강화 등의 주제를 강조하였다. 또한, 유아교육의 공공성 확대와 관련된 담론이 형성되었으며, 이는 유아교육을 단순한 보육이 아닌 교육으로 인식하는 방향으로의 전환을 의미한다(정혜욱, 이지영, 2016).

2) 유아교육의 최근 동향 및 사회적 변화

최근 유아교육의 연구 동향 및 사회적 변화를 살펴본 결과 유아교사의 디지털 역량, 놀이 중심 교육과정, 교사 역량 강화나 수업전문성 강화, 인공지능과 유아교육의 융합 등 다양한 주제를 중심으로 활발히 연구가 진행되고 있다. '미래교육' 담론 관련 국내 · 외 유아교육분야 학술연구 주제 동향을 비교 분석한 연구(박건령, 2024)에서는 미래유아교육 관련 연구주제로 포스트 코로나 시대 유아 · 놀이 중심 교육과정의 실천, 포스트 휴머니즘과 유아교육/코딩/인공지능 기반 유아교육 활동, 4차 산업혁명 시대의 미래역량과 유아교육, Tech-기반 유아교육에 대한 교사의 인식 등이 주제로 추출되었다. 본 절에서는 사회적 변화를 반영한 유아교육의 변화로 인구감소와 저출생의 영향, 여성의 취업률 증가로 인한 종일제 프로그램 운영 및 변화, 조기교육과 사교육의 확대, 인공지능(AI)과 유아교육의 융합, 미래 인재 육성을 위한 핵심역량 기반 교육의 필요성을 제시하고자 한다.

(1) 인구감소와 저출생의 영향

유아교육에 영향을 주고 있는 여러 가지 요인 중 인구구조 변화가 있다. 정부의 다각적인 출산장려정책에도 불구하고 우리나라는 초저출산 및 인구 수축 사회에 머물고 있다. 최근 한국은 초저출산율 국가로 합계출산율은 2014년 1.2명이었던 출산율이 2019년 0.92명, 2020년 0.84명, 2023년 0.72명으로 감소해서 세계 유일한 합계출산율 1명 미만 국가가 되었다. 또한, 2020년 12월말 기준으로 한 인구통계에 따르면 출생자가 사망자보다 줄면서 인구가 자연 감소하는 '인구 데드크로스' 현상이 최초로 나타났다(행정안전부, 2021. 1. 4). 1960년부터 2014년까지의 합계출산율 추이를 살펴보면, 전 세계적으로 합계출산율이 지속적으로 감소하여 1995년 이후로는 상당

수의 OECD 국가들에서 합계출산율이 2.1명(인구 대체율) 이하를 나타낸다. [그림 1-2]를 보면, 우리나라는 2001년 합계출산율 1.3 미만으로 초저출산 국가로 진입하게 되었고, 인구정책으로 인해 1970년대 4.53명의 합계출산율이 1983년 2.06명으로 급격히 감소하는 것을 볼 수 있다. 최근 10년의 추이를 보면 2014년부터 2023년까지 합계출산율은 지속적으로 감소하다가 2023년에 최저점을 기록하였고, 2024년 출생아 수가 소폭 증가하고 합계출산율도 소폭 상승하는 것으로 나타났다.

표 1-6 출생아 수와 합계출산율

	2014	2015	2016	2017	2018	2019	2020	2021	2022	2023	2024
출생아 수	435,435	438,420	406,243	357,771	326,822	302,676	272,337	260,562	249,186	230,028	238,300
합계출산율	1.205	1.239	1.172	1.052	0.977	0.918	0.837	0.808	0.780	0.720	0.750

출처: 지표누리 e 나라지표 출생 사망 추이.

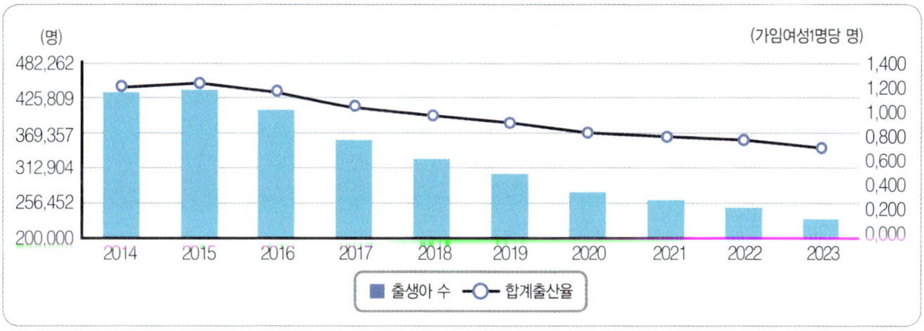

출처: 지표누리 e 나라지표 출생 사망 추이.

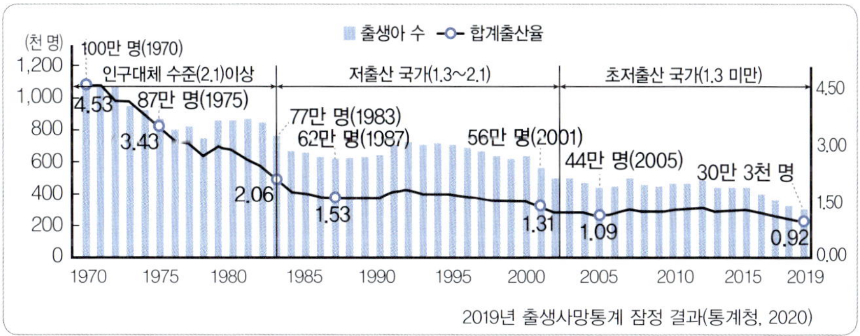

출처: 관계부처합동(2020). 4차 저출산고령사회기본계획.

그림 1-2 연도별 출생아 수 및 합계출산율

이에 정부에서는 제4차 저출산 고령사회 기본계획(2021~2025년)을 발표하고 출산율을 높이기 위해 많은 예산을 쓰면서 노력하고 있지만 그럼에도 불구하고 출산율이 높아지지는 않고 있다. 제4차 저출산 고령사회 기본계획의 체계도는 [그림 1-3]과 같다.

제4차 기본계획의 정책체계도

비전	"모든 세대가 함께 행복한 지속 가능 사회"		
목표	개인의 삶의 질 향상	성평등하고 공정한 사회	인구변화 대응 사회 혁신

추진전략

1. 함께 일하고 함께 돌보는 사회 조성
① 모두가 누리는 워라밸
② 성평등하게 일할 수 있는 사회
③ 아동돌봄의 사회적 책임 강화
④ 아동기본권의 보편적 보장
⑤ 생애 전반 성 · 재생산권 보장

2. 건강하고 능동적인 고령사회 구축
① 소득공백 없는 노후생활보장체계
② 예방적 보건 · 의료서비스 확충
③ 지역사회 계속 거주를 위한 통합적 돌봄
④ 고령친화적 주거환경 조성
⑤ 존엄한 삶의 마무리 지원

3. 모두의 역량이 고루 발휘되는 사회
① 미래 역량을 갖춘 창의적 인재 육성
② 평생교육 및 직업훈련 강화
③ 청년기 삶의 기반 강화
④ 여성의 경력유지 및 성장기반 강화
⑤ 신중년의 품격있고 활기찬 일 · 사회 참여

4. 인구구조 변화에 대한 적응
① 다양한 가족의 제도적 수용
② 연령통합적 사회 준비
③ 전 국민 사회안전망 강화
④ 지역상생 기반 구축
⑤ 고령친화사회로의 도약

추진체계
① 연도별 중앙부처 · 지자체 시행계획 수립
② 중앙 지자체 인구문제 공동대응 협의체 운영 등 중앙 · 지역 거버넌스 구축

그림 1-3 제4차 저출산 고령사회 기본계획 체계도

그림에서 제시된 바와 같이 아동돌봄의 사회적 책임을 강화하고, 아동기본권의 보편적 보장을 하기 위해 아동을 개별적 권리주체로 가족과 사회가 함께 존중하고 아동의 최우선의 이익을 고려하는 아동중심 사회를 실현하는 데 목적을 두고 있다. 이와 같이 출산율 저하에 대한 부분은 우리 사회 교육참여자가 부족해진다는 것을 의미하며 이는 유아교육기관에도 영향을 미치게 된다.

이와 같은 서출산 상기화의 원인으로 1) 정부의 인구정책 실패, 2) 인성교육, 시민교육이 결여된 입시위주의 교육, 3) 저성장사회로의 전환에 따른 경제적 기반 약화, 4) 저출산의 원인분석 실패에 따른 출산정책 방향의 오류, 5) 근로환경, 기업 문화의 미숙함 등을 들 수 있다. 국내 저출산 보고서 및 연구동향 분석연구에서는 저출산의 원인에 관한 많은 연구가 이루어졌으며, 인구학적 요인, 경제학적 요인, 사회학적 요인과 문화가치관적 요인으로 구분하여 논의하고 있다(관계부처합동, 2020; 조형숙, 조현정, 2021). 인구학적 요인으로는 가임기 남성과 여성의 만혼과 비혼의 증가가 대표적이다. 혼인율의 지속적 하락과 초혼 연령의 상승, 기혼가구의 무자녀 비율이 증가하고 있다. 경제적 요인으로 자녀 교육비 부담, 교육에서의 경쟁 심화, 노동시장 격차와 불안정한 고용의 증가, 청년층 비정규직 증가, 상대적인 임금과 주거비 부담, 실업문제, 노동시장 내 가족친화적, 여성친화적인 문화와 제도 미비로 경력 단절 우려, 일-가정 양립의 곤란을 제시하고 있다. 사회학적 요인과 문화가치관 측면의 요인으로 높은 교육열, 사회 신뢰, 사회적 지지와 육아 지원기관 충분성, 결혼과 관계되어 결혼기피, 낮은 결혼의향, 결혼의도와 결혼저령기에 있는 30대 청년의 결혼에 대한 부정적인 인식과 태도를 제기하고 있다.

저출산은 인구 고령화의 원인이기도 하지만, 인구 고령화 자체가 출산에 위협요인으로 작용하기도 한다. 도시화와 산업화로 현대 사회에서 더 이상

젊은 세대가 가족 안에서 조부모로부터 자연스럽게 출산과 육아의 가치와 방식 등을 체득하거나 육아를 지원받지 못하게 되었으며, 노인 또한 가족 안에서 늙어가기보다는 가족 밖의 여러 서비스에 의지하여 돌봄을 받을 수 밖에 없는 상황으로 바뀌어가고 있다. 고령화로 인한 사회적, 개인적 노인 부양부담 가중은 출산의 부담을 높이고 결혼 및 출산에 방해요인을 작용하기도 한다. 따라서 저출산과 고령화 문제는 서로 맞물려 있으며, 함께 해결하기 위한 방안 모색이 필요하다(문무경, 양미선, 송기창 외, 2021).

저출산은 대한민국 유아교육에 구조적 · 정책적 · 교육적 변화를 촉발하는 핵심 요인 중 하나로 급격한 출생아 수 급감은 단순한 유아 수 감소에 그치지 않고, 유아교육의 공공성 확대, 기관 구조조정, 교사 양성체계 변화, 교육의 질 중심 전환 등의 흐름을 불러올 수 있다. 또한 이러한 저출산의 영향으로 농어촌 지역과 소규모 어린이집이 폐원하는 수가 증가하게 되고 사립보다는 공립중심의 구조 재편이 가속화되고 있으며, 정원미달 위기를 극복하기 위한 공공성 강화로 국공립 비율 확대 정책을 시행하고 있다. 또한 원아 수가 감소되고 교사의 수요감소가 되면서 교사 양성체계가 개편되어 교대와 사범대의 정원이 대폭 감축되었으며 유치원 교사 임용 경쟁률이 하락하게 되었다.

이지영(2017)은 저출산을 극복한 국가 사례를 통해 유아교육의 질적 강화를 강조하였다. 유아교육 · 보육은 영유아의 현 상황의 안녕뿐만 아니라 미래 사회를 준비하도록 수행되어야 한다. 유아기의 경험은 일생의 경험을 좌우한다는 점에서 저출산 문제해결의 핵심 방안으로 양성평등과 친사회적인 가족문화에 대한 바른 인식을 형성하도록 교육이 필요하다. 또한, 국공립유치원과 어린이집을 정책적으로 확대하고 있지만, 여전히 부모들의 신뢰를 얻지 못하고 있다. 부모의 다양한 요구를 살펴보고 그들에게 적합한 질 좋은 공공성 교육과 보육을 제시하여야 한다. 국가적 차원에서 유아교육에 대한 전략적 투자가 필요하며, 영유아 권리를 보장하는 사회분위기, 자녀양육에 있어 유아교육·보육 체계를 갖추어 사회적 지원체계로써 안전망이 되어야 한다. 또 다른 사회적 지지로써 조부모 지원 체계화와 부부의 가정 내 업무 분담 인식 제고, 지역사회 복지서비스의 확대와 접근에 관한 연구가 활성화 되어야 한다(조형숙, 조현정, 2021).

(2) 여성의 취업률 증가로 인한 종일제 프로그램 운영 및 변화

유치원에서의 종일제에 대한 요구는 취업모가 많아지면서 이루어진 현상이다. 1999년 종일반 시범운영을 하게 되었고 맞벌이 가정을 중심으로 일부 공립유치원에서 종일반을 시범도입하게 되었다. 2000년부터 시행된 6차 유치원 교육과정에서는 교육시간에 있어 1일 3시간 이상 5시간 미만을 반일제, 5시간 이상 8시간 미만의 시간연장제, 8시간 이상의 종일제 프로그램으로 구분·운영하여 부모들이 선택하도록 하였다. 유아교육선진화 사업 이후에는 종일반 확대정책이 포함되어 방과후 과정을 운영하는 유치원 수가 증가되었고, 2007년 「유아교육법 시행령」이 개정되면서 유치원에 방과후 과정을 운영하는 것이 가능함이 명시되었다. 이전의 교육과정에서는 종일반은 취업모의 자녀나 돌봄 위주의 교육과정을 운영하였지만 개정 누리과정 시행 이후에는 종일반도 교육과정의 연장으로 인식되어 다양한 프로그램을 운영하고자 노력하였다. 제3차 유아교육발전 기본계획(2023~2027)에서도 방과후 과정 내실화가 강조되고 있으며, 유아교육과정과 방과후 과정의 통합적 연계 운영 지원 등이 제시되었다.

유치원 방과후 과정은 교육과정 이후에 이루어지는 그 밖의 교육활동과 돌봄활동을 의미한다(「유아교육법」 제2조 제6호). 방과후 과정은 유치원 교육과정을 포함하여 1일 8시간 이상 운영하되 개별 보호자(학부모)의 동의하에 2시간 이내에서 이용 시간을 조정할 수 있다(교육부, 2024). 「유아교육법」 제13조에 의하면 유치원 교육과정 이후 방과후 과정을 운영할 수 있고 교육감은 지역실정에 따라 운영기준을 설정할 수 있다. 국가 및 지방자체단체가 방과후 과정 운영에 대한 비용을 지원할 수 있으며, 방과후 과정을 운영하는 유치원에는 학급 담당 교사 외에 방과후 과정 운영을 담당할 교사를 1명 이상둘 수 있으며, 배치 기준은 관할청에서 정한다. 유치원에서 운영하는 1일 8시간 이상의 수업과정 또는 교육과정은 '종일제'(「유아교육진흥법」 제 6조 제1항 제3호, 「유아교육법」 제2조 제6호)로 명명되다 2012년 「유아교육법」 개정 이후부터 '방과후 과정'으로 명칭이 변경되었다. 법 개정과 함께 유치원 방과후 과정은 유아교육에 대한 학부모의 부담과 저출산 문제를 해결하기 위한 교육과 돌봄 기능이 강화되었다(구자연, 2024). 교육부에서 제시한 방과후 과정 운영기준에서는 종일반 운영시간 프로그램, 교사 배치 등 구체적인 지침을 제공하고 있고, 방과후 과정 담당인력 기준에서는 교사 보조인력을 분리운영하고 있다.

2012년 누리과정 시행 이후에는 방과후 과정에 참여하는 유아에게 보편지원 형태로 이루어지고 있으며, 2016년 교육부에서는 방과후 과정의 운영시간을 오후 6시 권장에서 오후 7시 30분으로 증가시키면서 돌봄이 꼭 필요한 유아의 우선 참여를 원칙으로 하고 저소득 가정, 맞벌이 가정, 한부모 가정 자녀 등 돌봄서비스 사각지대를 해소하고자 하였다. 또한 기간제 교원을 우선적으로 배치하고 방과후 과정의 보조 인력(4세대 하모니 자원봉사자) 및 노후 시설 개선 등에 대한 예산을 지원하였다(김정숙, 이윤진, 조예운, 2016). 2022년에는 교육부에서 방과후 과정 운영 개선 방안이 발표되어 운영시간을 기본형과 연장형으로 다양화하고 전담 인력을 확보하고 지원하고 있으며, 2024년 유보통합 실행계획(안)에는 희망하는 영유아 누구나 1일 12시간 이용할 수 있도록 기본 운영시간(8시간: 교육과정 4, 5시간과 연장과정 3, 4시간)과 맞춤형 돌봄(4시간: 아침돌봄 1시간 30분~2시간, 저녁돌봄 2시간~2시간 30분) 체계를 마련하여 교육 · 돌봄 공백을 해소하는 안을 제시하였다.

이와 같이 유치원에 방과후 과정의 도입 이후 일-가정을 양립하는 취업모를 적극 지원하고, 교육과 돌봄이 통합된 교육 개념을 강화하게 되었으며, 방과 후 시간의 프로그램 또한 획일화된 교육과정과 달리 유아의 흥미와 개별 발달을 강조한 다양한 프로그램을 운영하고자 하였다. 즉 방과후 과정은 유아교육의 기능적, 사회적, 교육적 범위를 확장시키며 유아의 삶 전체를 포괄하는 개념으로 단순한 시간연장이 아닌 방과후의 질과 교사의 전문성 확보, 유보통합과의 연계가 중요한 과제이다. 향후 방과후 과정의 내실화를 위해서는 유치원의 운영권의 재량권과 이용의 선택권이 보장될 필요가 있다. 즉 방과후 과정이 유아의 발달과 흥미를 고려한 활동을 포함하면서 다양한 방식으로 운영되어야 할 것이다. 또한 지역별, 유치원별 격차를 해소할 수 있는 균형적인 지원이 필요하다. 장시간 기관에 머무는 유아를 위한 공간 마련과 방과후 담당 인력을 위한 상담, 힐링 프로그램 등이 시 · 도별 차이 없이 진행되어야 할 것이다. 마지막으로 전문적인 대응체계 구축이 필요하다. 유치원 현장에서 교육활동과 돌봄활동에 집중할 수 있도록 행정적 지원을 강화하고, 교육청별 인력풀을 구축하여 체계적이고 전문적인 인력관리가 뒷받침되어야 할 것이다(구자연, 2024).

유치원 방과후 과정 관련 법령 및 변화 내용은 〈표 1-7〉과 같다.

표 1-7 유치원 방과후 과정 관련 법령 제정 및 개정

구분	조항	주요 내용
초 · 중등교육법 시행령 [시행 1998. 3. 1.] [대통령령 제15664호, 1998.2.24., 제정]	제48조 (수업운영 방법 등)	① 유치원은 필요한 경우 반일제 시간연장제 또는 종일제로 운영할 수 있다.
유아교육진흥법 [시행 1999. 3.1.] [법률 제5567호, 1998. 9. 17., 전부개정]	제6조 (수업과정)	① 유치원은 다음 각호의 수업과정을 운영할 수 있다. 1. 반일제: 1일 3시간 이상 5시간 미만의 수업과정 2. 시간연장제: 1일 5시간 이상 8시간 미만의 수업과정 3. 종일제: 1일 8시간 이상 수업과정 ② 보호자는 필요에 따라 제1항의 규정에 의한 수업과정을 선택할 수 있다.
유아교육법 [시행 2005.1.30.] [법률 제7120호, 2004. 1. 29., 제정]	제2조 (정의)	이 법에서 사용하는 용어의 정의는 다음 각 호와 같다. 1. “유아”라 함은 만 3세부터 초등학교 취학 전까지의 어린이를 말한다. 2. “유치원”이라 함은 유아의 교육을 위하여 이 법에 따라 설립 · 운영되는 학교를 말한다. 3. “보호자”라 함은 친권자 후견인 그 밖의 자로서 유아를 사실상 보호하는 자를 말한다. 4. “반일제”라 함은 1일 3시간 이상 5시간 미만의 교육과정을 말한다. 5. “시간연장제”라 함은 1일 5시간 이상 8시간 미만의 교육과정을 말한다. 6. “종일제”라 함은 1일 8시간 이상의 교육과정을 말한다.
유아교육법 [시행 2012.3.21.] [법률 제11382호, 2012. 3. 21., 일부개정]	제2조 (정의)	이 법에서 사용하는 용어의 뜻은 다음 각 호와 같다. 〈개정 2010.3.24., 2012.3.21.〉 1. “유아란 만3세부터 초등학교 취학 전까지의 어린이를 말한다. 2. “유치원”이란 유아의 교육을 위하여 이 법에 따라 설립 · 운영되는 학교를 말한다. 3. “보호자”란 친권자 후견인 그 밖의 자로서 유아를 사실상 보호하는 자를 말한다. 4. 삭제 〈2012.3.21.〉 5. 삭제 〈2012.3.21.〉 6. “방과후 과정”이란 제13조제1항에 따른 교육과정 이후에 이루어지는 그 밖의 교육활동과 돌봄활동을 말한다.

출처: 구자연 외(2023). 유치원 방과후 과정 서비스 질 제고 방안 연구.

(3) 조기교육과 사교육의 확대

현대 사회에서는 취업모가 많아지면서 기관에 일찍 유아들을 보내고 가정에서 해야 할 역할(예를 들면 기본생활습관 지도, 인성 및 예절 교육 등)을 기관에서 해주기를 기대하는 부모가 많아지고 있다. 우리나라 부모의 교육열은 가히 세계적이라고 할 수 있다. 아이들을 잘 키우기 위해 대치동의 주중과 주말 학생들을 태워다 주는 부모들로 많이 붐비고 대치동의 유명학원에 입학시키기 위해 과외를 시키기도 한다. 조기교육의 문제점을 다룬 시기는 최근이 아니라 이미 2000년대부터 조기특기교육의 현황을 분석하고, 문제점을 제시하며 이를 위한 부모교육을 실시하였지만 별효과는 없었다. 그렇다면 우리나라 부모들은 왜 이렇게 조기교육과 영어에 목매어 있을까? 조기교육은 아이의 발달 속도에 따른 흥미와 관심과는 무관하게 특별한 목적을 가지고 일찍 가르치는 것을 말한다. 우리나라의 조기교육은 세계화 열풍과 더불어 1990년도에 시작되었으며, 2000년대에 접어들어 대부분의 유아들이 참여할 정도로 보편화되었고 연령은 낮아졌으며 학습내용은 다양화되었다.

학부모의 사교육 선택과 관련하여 과거 유아 사교육이 자녀의 발달 및 성공에 대한 기대와 함께 불안에 의한 부모들의 선택(김은영 외, 2016)이었다면 2020년 조사된 연구(장영훈, 이지현, 2020)의 언론보도 빅데이터 분석연구에서는 이전과 다른 양상으로 나타났다. 사립유치원에 대한 사회적 인식의 악화와 정부의 고강도 통제를 피하고자 일부 설립자들이 유치원을 폐원하고 정부의 지원금과 에듀파인 사용 등의 강제가 없는 '놀이학교', '영어유치원' 등으로의 전환을 시도하였고, 동일한 교육 활동에 대해 오히려 큰 폭으로 증가된 교육비를 요구하는 문제점을 발생시켜 유치원 교육의 선택지를 축소하는 결과를 가져온 것으로 나타났다.

최근에는 유치원 및 어린이집 등 유아교육기관에서도 영어 교사가 기관에 상주근무하며 오전과 오후에 나누어 영어수업을 운영하는 경우가 많다. 부모들을 만나면 아이들을 마음껏 뛰놀게 하고 싶고 아이들의 흥미 위주로 특별활동을 시키고 있다고 말하지만 부모들의 최종 목표는 좋은 대학을 목표로 초등학교 때부터 진로를 결정하고 사교육을 시키는 것이 당연하게 생각되는 시기이다. 사교육을 선택하는 것은 학부모의 불안감이 크고, 경제수준은 높아진 반면 자녀수는 줄고, 자녀에 대한 부모의 관심은 날로 늘어가고 있기 때문이다. 인성을 강조하면서도 남들에게 뒤쳐질 수 있다는 불안감, 다른 사람과 경쟁하는 사회 분위기, 경제적 수입이나 직장으로 사람을 판단하는 분위기 등이 최근 부모들의 자녀가치관에 반영되어 그 불안감이 자신만의 양육철학을 갖는 것을 저해하고 있다.

최근 대한민국에는 '초등 의대입시반'에 이어 '4세 고시'라는 말까지 등장했다. 4세 고시란 네 살짜리 아이가 유명 영어학원에 입학하기 위해 레벨테스트 준비학원에 다니며 재수까지 불사하는 데서 나온 말이다. 국영수, 예체능, 독서, 논술, 한자뿐만 아니라 코딩, 로봇, 인공지능(AI)까지 사교육 과목이 계속 늘어나고 있으며, 시작 연령도 3~5세 유아에서 2세 영아까지 점점 낮아지고 있다. 학부모들은 주로 학원이나 맘카페 등을 통해 과잉교육 정보를 접한다. 여기에 '내 아이가 우선'이라는 경쟁 심리와 학원의 불안 마케팅이 결합하면서 사교육 열풍이 거세지는 것이다. 사교육의 주요 목표는 '선행학습'이다. 선행학습은 근본적으로 남보다 '더 빨리, 더 많이' 공부해야 더 좋은 대학에 갈 수 있다는 경쟁의식에서 비롯된다. 한국의 영유아는 취학 전 사교육을 통해 초등 저학년 과정을, 심한 경우 초등 고학년 과정을 마스터한다. 과도한 영유아 사교육으로 인해 공교육을 만나기도 전부터 아이와 부모 모두 사교육 시스템에 길들여지고 있다. 계속해서 더 좋은 학원을 찾아 이동하는 아이들은 취학 전부터 이미 '학원 중독'에 빠져 사교육 없이 공부하는 것이 불가능해진다. 또한 영유아기는 신체, 정서, 사회성, 인지 등이 조화롭게 발달해야 하는데 과도한 사교육으로 이 균형이 깨지는 것도 문제다. 최근 지나친 스케줄로 아이다운 발랄함을 일찍 소진해버린 '번아웃 키즈'까지 생겼다(한국경제, 2023. 08. 20).

2020년 소아청소년정신건강의학과 전문의를 대상으로 조기인지교육이 유아발달에 미치는 영향을 조사한 연구에서는 조기인지교육 실시와 사교육 받는 시간과 개수가 많을수록, 영유아의 신체적, 정서적 발달에 부정적 영향을 미치며, 조기영어교육에 대한 사회적 인식이 심각하게 제고될 필요가 있음을 보여주었다(사교육걱정없는세상, 2020). 또한 육아정책연구소(2024)의 '영유아기 사교육 경험과 발달에 관한 연구'에서는 영유아 사교육의 시작연령은 낮아지고 비용은 늘었지만 그 효과는 매우 적은 것으로 보고하였다. 서울과 경기지역의 초등학교 1학년 72명의 언어능력과 사교육 경험을 조사한 결과 사교육을 6개 받은 유아와 안 받은 유아와 비교하여 언어점수와 문제해결력의 관계가 없는 것으로 나타났으며, 1개 이하 받은 유아가 6개 이상 받은 유아보다 자존감 점수가 10점 이상 높았다. 사교육 경험은 성실성, 자존감, 개방성, 타인 이해 등 정서 · 행동 특성과도 상관이 없는 것으로 나타났고, 자존감과 자아 존중감, 삶의 만족도 등 사회 정서적 측면에서는 사교육의 효과가 없거나 오히려 부정적 영향을 미치는 것으로 조사됐다. 즉 과도한 사교육은 놀이와 휴식시간을 감소시켜 오히려 아동의 전인적 성장에 부정적 영향을 미치며 조기교육의 효과가 크지 않음을 밝혀준 연구이다. 이와 같은 조기교육과 사교육 확대는 유아교육의 본래 취지인 전인적 발달과 놀이중심 교육에서 벗어나 학습중심, 선행학습 중심의 교육으로 왜곡된 개념 변화를 초래하며, 이는 유아교육기관의 교육활동과 부모들의 가치관 형성에 부정적 영향을 미칠 수 있으므로 적기교육의 중요성, 놀이중심 교육의 중요성에 대한 인식을 갖도록 부모교육이 필요하다. 적기교육은 아이의 발달단계와 준비에 맞추어 그 시기에 맞는 교육을 하는 것을 의미한다. 즉 유아교육이 조기교육이 아니라는 인식을 심어주고 유아학교로서 공교육 체제의 하나로서 인식되어야 할 것이다.

(4) 인공지능(AI)과 유아교육의 융합/디지털과 교육

① 인공지능(AI)과 유아교육의 융합

최근 연구에서는 유아교육 분야에서 인공지능(artificial intelligence, AI) 기술을 활용한 교육 방법에 대한 관심이 증가하고 있다. 특히, 유아를 대상으로 한 AI 기반 교육 프로그램 개발과 그 효과에 대한 연구가 활발히 이루어지고 있는데, 이러한 연구는 유아의 학습 동기와 참여도를 높이는 데 기여할 수 있다. 유아교육 분야는 교육이 시작되는 기초영역으로써 미래사회를 위한 인재양성에 매우 중요한 역할을 한다. 유아기 시기에는 누군가에게 배우지 않고 자유롭게 탐색하며 사용 방법이나 기능을 쉽게 익힐 수 있는 존재이므로 유아 인공지능교육으로 자유롭게 탐색하여 유아의 생각과 놀이의 흐름에 따라 다양한 순서로 전개가 가능하다. 그리고 이미 유아들은 디지털 환경에 둘러싸여 살아온 디지털 원주민으로서 디지털 기기에서 사용되는 애플리케이션을 통해 인공지능 교육 실시 여부와 상관없이 인공지능 기술을 쉽게 접하며 살아왔다(유소연, 김희광, 신재욱, 2012). 이렇듯 사회 분야 곳곳에 인공지능 환경이 마련되어 있는 만큼 인공지능과 분리된 삶을 살아가는 것은 불가능하다. 그렇기 때문에 유아교육 분야에서도 하루빨리 유아 관련 인공지능 교육 프로그램 및 수업 도입 대한 연구가 구체적으로 진행되어야 한다.

인공지능교육은 2014년 영국에서 시작된 소프트웨어 교육의 연장선에서 진행되고 있는데 모든 어린이에게 AI에 대한 지식, 이해, 윤리적 판단,

사회적 이슈, AI 기술의 사용이 교과과정에서 필수라고 표현하였다. 인공지능 교육을 체계화하여 가장 먼저 도입한 중국의 경우에는 유치원부터 고등학교까지 연령대별로 교육내용을 상세히 제시한 33권의 인공지능 실험 교과서를 제작하여 여러 학교에서 운영 중이다. 미국과 핀란드는 초 · 중등 학교에서의 인공지능 교육의 필요성을 인지하고 연령에 상관없이 모든 연령이 인공지능 문해력을 습득할 수 있도록 교육하는 추세이다. 2020년, 우리나라의 교육부에서도 유아 인공지능교육이란 '인공지능 시대에 유아가 인공지능이라는 새로운 테크놀로지와 소통 및 협업하는 방법을 알아가면서 유아에게 필요한 역량을 기르는 교육'이라고 정의하였다.

세계적으로 유행하였던 코로나19라는 팬데믹을 겪으면서 우리나라 유치원은 비대면 온라인 교육이 빠르게 확산되었다. 그 과정을 통해 현재의 유치원은 오프라인 중심교육에서 디지털 기반의 온라인 교육과 오프라인 교육이 공존하는 교육환경으로 변화하였다. 또한 온라인 학습으로 인해 학습결손과 교육 격차의 문제점이 지적되고 있으며, 이를 해결하기 위해 AI를 활용한 학습자 맞춤형 지원이 더 주목받고 있다. AI 융합교육에 따른 유아교육의 변화로는 교육방식으로는 상호작용 중심의 교육으로 변화되고, AI 기반 앱, 스마트 기기 중심을 활용하면서 AI는 유아의 세계 탐색을 지원하는 도구로 작용하며, 학습을 넘어서 경험 기반 성장을 중시하게 하는 장점이 있지만 교사의 정서적 상호작용을 대체하지 못하거나 교사와의 정서적 교감 정도에 따라 유아의 수동적인 입장, 과도한 디지털 노출, 그리고 교사의 디지털 역량에 따른 전문성의 차이 등이 우려된다. 이에 유아대상 디지털 시민교육과 AI 윤리교육이 필요하며 교사 연수과정에서도 AI 활용 역량이 포함되어야 할 것이다.

② 디지털 교육의 최근 동향 및 문제점

현대 사회는 디지털 역량과 테크놀로지 활용의 시대로서 유아교사의 디지털 역량에 대한 연구가 증가하고 있다. 연구들은 디지털 리터러시, 테크놀로지 자아효능감, 디지털 교수 역량 강화 방안 등을 중심으로 진행되고 있으며, 이는 미래 교육 환경에 대비한 교사 교육의 방향성을 제시하고 있다. 반면에 유아교육에서 첨단기기를 사용하는 것에 있어서는 반대의 목소리도 존재한다. 예를 들어 반두라(Bandura, 1965)의 사회학습 이론을 기반으로 한 연구들에서 유아는 TV나 비디오로 제시되는 영상물 속 등장인물의 언행을 관찰하고 모방하여 학습하는데, 공격적 행동이나 외설적인 말과 같이 부정적인 언행은 다른 행동에 비해 더욱 빠르게 학습하는 것으로 나타난다. 그리고 유아는 사람 또는 사물과 물리적으로 직접 접촉하여 상호작용할 때 새로운 지식을 발견하고 배우게 되는데, 컴퓨터, TV, 비디오, 태블릿 PC 등을 통한 다양한 콘텐츠는 유아에게 직접적인 경험을 제공하지는 않기 때문에 교육적 효과에 한계가 있다고 알려져 있다(김경미, 김민정, 2023). 유아교사의 디지털 역량(Digital Competence)은 단순히 디지털 매체를 이해하고 다룰 줄 아는 활용능력을 넘어 유아의 배움 지원과 업무수행을 효율적이고 역동적으로 하고, 디지털 시민으로 일상을 살아가는 데 필요한 디지털 웰빙(Digital Wellbeing)과 관련된 지식, 기술, 태도를 의미한다. 향후 디지털 세상을 살아가고 있는 유아를 위해 미래형 유아 · 놀이중심교육과정은 2019 개정 누리과정의 방향에 부합하는 디지털 환경과 경험을 제공해야 하며, 이를 위해서는 유아교사의 디지털 역량 강화가 필요하다(교육부, 2020).

(5) 4차 산업혁명 시대 미래인재 육성을 위한 핵심역량

최근 우리 사회는 4차 산업혁명 시대를 맞이하여 급격하게 변화하면서 다양한 패러다임의 변화를 경험하고 있다. 아날로그 사회에서 디지털 사회로 전환되며 인공지능, 로봇, 빅데이터와 3D프린팅, 사물인터넷 등 아무도 예상하지 못한 빠른 속도로 4차 산업혁명 시대를 맞이하고 있고, 이러한 사회 변화와 더불어 교육의 패러다임도 큰 맥락이 변화하고 있다. 즉, 수동적인 학습자가 아닌 능동적이고 주도적인 학습자의 참여를 강조하는 교육철학이 강조되고 있으며, 주도적 학습을 가능하게 하는 교육과정 운영 및 디지털 교육환경 지원도 매우 빠르게 확대되고 있다.

그렇다면, 이렇게 급속도로 변화하는 혁신의 시대를 살아가면서 우리는 어떤 인재가 되어야 할까? 과연 미래사회에는 어떤 인간이 필요할까? 과거에는 많은 지식과 정보를 가지고 있고, 단순한 암기능력이나 수학적 계산능력이 뛰어나며, 규칙에 순응하는 인재를 선호하던 사회였지만 미래사회에서는 이러한 능력은 디지털, AI가 담당하는 영역이 되어버렸다. 이에 우리는 유아기에 핵심역량을 키워줄 수 있는 교육이 필요하다.

핵심역량이란 교육과정 전반을 통하여 기르고자 하는 학습자의 능력으로 특정 영역에 필요한 기능적 측면이나 지식적 측면뿐만 아니라 삶을 살아가는 데 필요한 지식, 기능, 태도를 모두 의미한다(박은혜, 신은수, 조형숙, 2012). OECD에서는 '역량의 정의와 선정(DeSeCo: Defining Selecing Key Competence) 프로젝트'를 통해 인간이 전 생애에 걸쳐 살아가는데 필요한 기본능력을 의미하는 핵심역량을 도출하였고, 이는 세계 여러 나라 교육과정 개혁의 기초로 활용되고 있다(OECD, 2005). OECD에서 제시한 핵심역량은 다양한 도구를 상황에 맞게 사용할 수 있는 능력, 사회적 이질성을 가진 집단과 상호작용하는 능력, 자율적으로 행동하는 능력이며, 이후 Education 2030 프로젝트에서는 변혁적 역량으로 '새로운 가치 창출하기', '긴장과 딜레마 조정하기', '책임감 갖기' 등을 제시하고 있다(OECD, 2018).

제4차 산업혁명 시대를 살아갈 인간을 교육하기 위해서는 미래사회에 대비한 '핵심역량(Key Competencies)'이 무엇인지 확인하고 교육해야만 한다.

이러한 맥락에서 교육분야 개혁을 위해 2016년 세계경제포럼은 21세기 미래인재의 핵심역량으로 창의성, 비판적 사고능력, 의사소통 능력, 협업능력을 제시하였다. 즉 문제를 창의적으로 해석하고 적용하는 능력(creativity and innovation), 문제를 비판적으로 해석하고 수용하는 능력(critical thinking and problem solving), 효과적으로 의사소통(communication)하고 협력(collaboration)하는 능력이 미래사회에 필요한 인재역량이라고 정의하였다. 이에 우리 정부도 미래인재가 가져야 할 핵심역량 중 하나로 창의성을 내세웠으며 학교에서도 창의 · 인성교육을 강조하고 있다. 특히, 유아기는 인생의 전반에 영향을 미치는 중요한 시기이기 때문에 이러한 4C 핵심역량을 교육하려는 노력이 유아교육부터 진행되고 있다.

첫 번째 핵심역량인 창의성은 새로운 생각을 해내는 힘으로 새롭고 독창적이며 유용한 것을 만들어내는 능력이며, 기존의 사고방식에서 벗어나 독특한 생각이나 새로운 관계를 생성해내는 능력이다. 지금 우리나라 교육은 일찍부터 아이들에게 특기교육을 하고, 대학진학을 목표로 선행학습을 통해 교과목에 필요한 지식을 암기하는 지식중심의 교육을 하고 있으며, 그러다 보니 아이들의 흥미나 관심, 창의성을 키워주기보다는 결과중심의 교육이 되고 있다. 이러한 환경에서는 창의성이 발현되기 어렵고, 남이 시켜서 하는 교육이 아닌 자발적이고 주도적으로 학습하게 하는 환경이 필요하다. 창의력을 길러주기 위해서는 어렸을 때부터 마음껏 놀게 하고 상상력을 키워주는 것이 중요하며, 아이들에게 놀이는 삶이며 배움 자체라고 볼 수 있다. 또한 유아들은 놀이를 통해서 다양한 경험을 하고 오감을 자극하는 놀이는 아이들 스스로 지식을 구성하도록 해준다. 무엇인가에 호기심을 갖게 하고 다양한 경험을 통해 내가 좋아하는 것이 무엇인지, 새로운 방법을 생각하며 생각하게 할 수 있는 배움이 일어나도록 학교교육이 변화되어야 할 것이다.

두 번째 핵심역량인 비판적 사고능력은 문제를 비판적으로 해석하고 수용하는 능력이다. 즉 어떤 주장을 그대로 받아들이지 않고 의문을 제기하는 능력이다. 앞으로 시대에는 수동적으로 생각하는 것이 아니라 적극적으로 내가 처한 문제를 알고 문제를 해결할 수 있는 능력이 필요하다. 다양한 경험을 통해 유아는 창의적인 생각을 할 수 있게 되고 누군가의 이야기를 경청하고 나의 생각을 논리적으로 이야기하는 방법을 통해 비판적 사고력을 기를 수 있게 될 것이다. 따라서 학교 수업에서도 참여형 수업방식으로 그리고 생각할 수 있는 질문 등을 통해 사고를 확장시키고, 사회문제에 대해서도 다각적인 관점에서 토의할 시간을 갖는 것이 필요하다. 깊이 있는 질문을 던지며 스스로 답을 찾아가는 비판적 창의적 사고를 할 수 있도록 하며, 비판적 사고력과 자신감을 가질 수 있도록 교육적 환경을 조성해야 한다.

세 번째 핵심역량인 의사소통 능력과 네 번째 핵심역량인 협업능력 또한 현대 사회를 살아가는 데 매우 필요한 능력이다. 학교뿐 아니라 사회생활을 하면서도 직장 내에서 업무를 잘 하기 위해서 의사소통 능력이 강조되며, 타인과의 협력은 상호존중과 신뢰를 바탕으로 공동의 목표를 위해 노력하는 것이 필요하다. 의사소통 능력은 관계 속에서 이루어지며 편견이나 선입견 없이 상대방의 의견을 잘 경청하고, 자신의 의견을 잘 표현하는 것이다. 협업능력은 하나의 목표를 향하여 여러 명이 힘을 합하는 능력이다. 그래서 이 두 가지 핵심역량은 서로 밀접한 관련이 있다. 즉, 협업능력은 하나의 목표를 향해 여러 명이 힘을 합해 원하는 목표를 이루기 위해서는 의사소통역량과 협업역량이 상호작용해야만 가능하기 때문이다. 최근 직장에서 신입사원을 뽑을 때 개인의 능력보다는 협업능력으로 선호하는 경우가 많은데 이는 대부분 공동프로젝트를 진행하는 과정에서 자기만 돋보이게 하거나 남과 어울리지 못하는 경우, 조직의 공동목표를 이루는데 큰 장애물이 되기 때문이다. 어렸을 때부터 지나치게 경쟁의식을 갖고 남과 비교하면서 지내는 것은 협업을 방해하는 요인이 되고, 효율적인 협동업무를 위해서는 다른 사람의 말을 경청하고, 역할분담을 명확히 하고, 타인을 배려하며, 자신의 역할을 적극적으로 찾는 것이 중요하므로 협력과 의사소통능력이 미래핵심역량으로 주목받는 것이다.

현대사회는 핵가족화되었고 자녀수가 한두 명으로 줄어들면서 부모의 과잉보호나 지나친 관심을 갖게 되는 경우가 많다. 뿐만 아니라 어린 시기부터 스마트기기, 컴퓨터를 사용하는 시간이 증가하면서 사람과 지내는 경험이 부족하다 보니 미래핵심역량을 채우는 기회가 부족한 것이 현실이다. 이런 환경에서 자라난 아이들은 자연스럽게 다른 사람과의 관계를 맺는 방법, 갈등을 해결하는 방법 등을 배울 기회가 적다. 하지만 4차 산업혁명시대에도 다른 사람을 배려하고 협력하는 것은 공동체 사회에서 하나의 큰 자산이 될 수 있다. 타인에게 공감하고 자신감 있게 소통할 수 있으며, 협력할 수 있는 열린 마음이 필요하다. 더불어 한 가지 더 강조하고 싶은 것은 공동체 역량이다.

3) 유아교육의 본질에 관한 고찰

지금은 유아교육의 본질이나 유아를 위한 진정한 교육이 무엇인지 고민해야 할 시기이다. 교육의 대상, 교육의 목적, 유아교육 자체의 정체성에 대한 내용으로 본질에 대한 고찰을 하면 다음과 같다.

(1) 누구를 위한 교육인가? 어떤 방향으로 교육이 이루어져야 하는가?

유아교육이 누구를 위한 교육인가? 어떤 방향으로 교육이 이루어져야 하는가? 먼저 유아교육의 대상에 대해 생각해 본다면 유아교육은 좁은 의미의 유아교육에서 벗어나서 유아교육 대상 연령의 범위가 더 포괄적으로 되어야 한다. 이러한 시대적 흐름에 따라 유아교육의 대상은 조금씩 바뀌어 왔다. 최근에는 유아교육기관, 즉 유치원과 어린이집에 다니고 있는 영유아와 법적 연령 정의에 따라 0~5세까지를 대상으로 보지만 초등 저학년까지(만 8세까지)를 유아교육의 대상으로 포함해야 한다.

우리 사회에서 아동기가 의미를 가지면서 하나의 관점으로 구체적으로 탐구되기 시작한 것은 1920년대라고 볼 수 있으며 소파 방정환 선생이 1922년 어린이날을 제정하면서 유치원에서의 교육이 활성화되고 어린이에 대한 관심이 최고조에 달하였다(이상금, 1987). 이후 어린이에 대한 관심과 권리에 대한 관심이 증가하였지만 주로 유아를 위한 교육내용 및 방법에 대한 관심이 주를 이루었다. 1980년대 이후에는 천재아 선호증상으로 인해 조기학업성취나 특기교육에 대해 관심이 과도하게 가지게 되었고 우리나라에서도 2000년대에 유치원에 다니는 유아들을 대상으로 조기교육의 실태와 문제점을 밝히는 연구(이기숙 외, 2003)를 조사하고 부모교육 자료를 개발하여 자녀양육에 대한 지침을 유치원에 제공하기도 하였다. 유아를 존중한다고 하지만 실질적으로는 아동중심의 교육이 이루어지고 있는지 고찰할 필요가 있다.

(2) 전인발달을 지향하는 교육, 행복한 아이로 키우게 하는 교육

과연 현대사회에 사는 유아들은 행복한가? 라고 질문하였을 때 유아의 권리가 보호되고 있는지, 진정한 아동중심 교육을 하는지 의문이다. 이 절에서는 그런 측면에서 유아교육의 본질을 살펴보기 위해 유아기의 연령 개념부터 법과 정책의 변화, 사회적인 관점에서 유아교육의 변화를 살펴보았다. 향후 유아교육의 개념은 초등학교를 위한 준비교육도 아닌, 특기나 재능을 위한 특별활동 교육, 조기교육과 선행학습 교육이 아닌 발달에 적절한 교육이 시행되어야 할 것이다.

유아교육이 지적 조기교육이라는 관점으로 접근하거나 조기입시경쟁의 수단으로 인식될 때 유아교육에서 유아는 소외되고 말 것이다. 유아교육은 결코 수단일 수 없다. 유아교육의 본질은 유아의 전인적 발달을 지원하는 삶 중심의 교육이다. 유아가 자신을 이해하고, 타인과 조화롭게 살아가며, 스스로 배우는 힘을 기르는 것이 교육의 목적이 되어야 하며, 지적 성장뿐 아니라 정서, 신체, 사회성, 창의성 등의 능력을 균형 있게 발달하도록 돕는 전인발달을 지향하는 교육이어야 한다. 따라서 유아교육의 본질은 유아의 전인적 발달을 통합적으로 조화롭게 이루기 위해 유아기가 아니고는 발달시킬 수 없는 독특한 교육경험을 제공해야 한다.

현재 국공립유치원 단설 유치원이 많이 확대되었고 이들 유치원은 규모가 크고 시설 또한 매우 우수하다. 반면 사립유치원의 경우 시설에 따라 부모의 요구에 따른 특별활동이 많이 진행되거나 기관의 질에 따라 놀이중심 교육과정을 실시하지 못하고 행사가 많은 유치원 또한 많다. 즉 국가수준 교육과정을 실시하고 있지만 유아교육기관의 질 및 교사의 질과 전문성에 따라 격차가 아직도 있음을 보여준다. 이에 향후 유아교육의 방향은 어느 곳에서 교육을 받는지에 상관없이 기본교육과정을 잘 진행하고 그 유치원만의 특색 프로그램을 운영하되 부모의 과도한 요구나 기대에 좌지우지하지 않으면서 창의적이고 인성이 갖추어지며, 문제해결능력이 있는 역량 있는 유아로 성장할 수 있도록 지원해야 할 것이다.

(3) 현장의 의견을 반영한 유아교육의 법과 정책의 체계적 관리

유치원 3법의 정책은 취학 전 교육에 대한 국가 수준의 교육 강화는 반일제 교육이 종료된 이후 시간에 오히려 다양한 서비스를 찾는 수요의 증가로 이어질 수 있다. 유치원 3법 이후 사립유치원 감소가 일정 기간 지속되면서 폐쇄된 사립유치원의 자리를 영어유치원, 놀이학교 등의 사교육 기관이 채울 가능성이 높아짐을 보고한 연구(김희정, 2020)와 같이 결과적으로는 폐원 이후 업종을 전환한 영어유치원이나 혹은 놀이학교로 이동할 수밖에 없다. 또한 그동안의 정책적인 측면의 교육정책 변화를 살펴보았을 때 사안의 심각성이나 지속성과는 별개로 필요한 협의 및 논의 과정 없이 갑자기 실시될 때 현장에서는 이를 반영하기도 전에 거부감을 가져올 수 있다. 따라서 공공성 제고에 있어 한국 사회에 유아교육 수요자들의 욕구와 행태 등에 대한 교육의 다양성, 사교육에 대한 욕구 등 소자녀 시대 유아교육 수요자의 욕구와 유치원 운영 주체에 대한 사회적 인식 등을 동반되지 않는 경우 유아교육의 획일성과 질적 저하가 우려될 수 있다(김희정, 2020). 사회적 차원에서 요구되는 제도를 보완하거나 혹은 대체할 새로운 개입이나 지원을 시도할 때 참여, 소통, 공감이라는 미시공공성의 형태로 나타난다고 하였다(최연실 외, 2015).

이에 정책과 법을 제안할 때는 현장의 의견을 충분히 반영하고 그 정책이 실행되었을 때 일어날 문제점과 효과 등을 시뮬레이션 해보는 등 사전 계획이 충분히 검토된 후 법과 정책이 실현되어야 할 것이다.

(4) 미래 유아교육에서 중요하게 고려해야 할 가치와 신념/어떤 아이로 성장해야 하는가?

유아교육의 방향은 어떤 방향으로 나아가야 하는가? 미래 사회는 기술 혁신, 기후 위기, 다양성의 확대 등 급격한 변화를 겪고 있다. 이런 변화 속에서, 아이들이 사람답게 살아가는 힘을 기를 수 있도록 돕는 교육이 더욱 중요해지고 있다. 유아교육은 단순한 '학교의 시작점'이 아니라, 인간 발달의 기초를 형성하는 결정적 시기이다.

미래사회의 교육의 방향성을 제시한 여러 의견과 연구(UNESCO Delors 보고서,

Center for Curriculum Redesign 연구 등)들을 종합해 보면 다음과 같다. 첫째, 유아들의 전인적 성장을 도모해야 한다. 전인교육(holistic education)을 통해 학습자를 인지 · 정서 · 신체 · 사회적 존재로 통합해 교육해야 한다. 둘째, 유아의 자기주도성 및 창의성을 키워주어야 한다. 셋째, 디지털 시민성 및 정보에 대한 감수성을 증진시켜야 한다. 디지털 시민성, 정보 활용 책임감, 환경 · 사회 책임성을 밀레니엄 세대 교육에 통합될 필요성으로 분석하고 있다. 넷째, 지속가능성 및 생태 감수성에 대한 교육을 실시해야 한다. 생태 감수성은 사회정의와 함께 가르쳐야 하고, 교육을 통해 '지구 시민성', '생명에 대한 사랑(biophilia)'을 육성하는 것이 핵심이다. 다섯째, 다양성의 존중과 포용성 교육이 진행되어야 한다. UNESCO Delors 보고서의 'learning to live together'에서도 다양성과 협력을 교육의 핵심 가치로 선정하고 있다. 여섯째, 관계중심의 공동체성 역량이 필요하다. 자연친화 및 생태 유아교육에서는 공동체 중심, 관계성을 바탕으로 하는 교육 철학을 강조한다.

미래 유아교육의 핵심가치는 발달의 적합성, 인간 중심의 교육, 기술과 감성의 조화, 지구와 공존하는 사고, 다양성을 수용하는 태도, 자율적이고 창의적인 문제해결 역량을 키워주어 스스로 배우고 성장할 수 있도록 돕는 전인적이고 가치지향적인 교육으로 나아가야 할 것이다. 특히 유보통합을 통해 모든 유아가 공정하고 질 높은 교육과 돌봄을 받을 수 있는 환경 조성이 핵심 방향이 되어야 한다.

참고문헌

교육과학기술부 보도자료 (2009. 12. 8). 유아교육 선진화를 위한 종합적인 발전 방안 마련: 5개 정책분야, 25개 핵심과제 선정추진.

관계부처합동 (2020). 제4차 저출산 · 고령사회 기본계획.

교육개혁위원회 (1997). 공교육 체제 확립을 위한 유아교육개혁방안. 제14차 공청회 자료.

교육부 (2017). 공공성 강화를 통한 유아교육혁신방안.

______ (2020). 미래형 유치원 교육과정 운영을 위한 안내서.

______ (2024. 04). 영유아 교육 · 보육을 위한 통합 실행 계획(안).

교육부, 한국교육개발원 (2024). 교육통계연보. https://kess.kedi.re.kr

구자연 (2024). 유치원 방과후 과정 운영 개선 요구 및 향후 과제. **육아정책포럼**, **80**, 31-42.

구자연, 권미경, 윤지연, 장유진, 박건령 (2024). 유치원 방과후 과정 서비스 질 제고 방안 연구(연구보고 2023-14). 육아정책연구소.

국가법령정보센터, 관련 법령 (2024). 교육법 및 유아교육 관련 시행령 개정. https://www.law.go.kr

김경미, 김민정 (2023). 유아 인공지능(AI)교육에 대한 유치원 학부모 인식과 요구. **한국유아교육연구, 25**(2), 114-143.

김은영 (2013). 유아교육 선진화 정책의 성과와 과제. **육아정책포럼, 34**, 14-23.

김은영, 최은영 (2012). 유아교육 선진화 정책의 성과와 과제. **육아정책연구, 6**(1), 95-124.

김은영, 최효미, 최지은, 장미경 (2016). 영유아 사교육 실태와 개선 방안 II: 2세와 5세를 중심으로(연구보고 2016-13). 육아정책연구소.

김은영, 구자연, 김지원, 김혜진, 김재철, 김종근, 조숙인 (2024). 영유아기 사교육 경험과 발달에 관한 연구(연구보고 2024-13). 육아정책연구소.

김은희, 정혜진 (2022). 경기도 아동의 놀 권리 실태 및 지원 방안 연구(정책보고서 2022-17). 경기도여성가족재단.

김정숙, 이윤진, 조예운 (2016). 유치원 방과후 과정 효율화 방안 연구(연구보고 2016-01). 육아정책연구소.

김희정 (2020). 유치원 3법 이후 유치원 교육의 변화 방향. **교육비평, 45**, 82-100.

김진규 (2003). 유아교육 공교육화와 사립유치원의 발전 방향. 동아대학교 교육대학원 석사학위논문.
권정윤 (2024). 변화하는 사회맥락에 반응하기: 유아교육과 보호(ECEC)의 본질 탐색을 통해 나아갈 길을 묻다. 한국유아교육학회학술대회자료집. pp. 43-60.
나정 (2001). **유아교육정책 어디로 가야하는가?** 양서원.
문무경, 양미선, 송기창, 김문정 (2021). 2022-2027 유아교육 · 보육 중장기 발전방안 연구(연구보고 2021-10). 육아정책연구소.
박건령 (2024). '미래교육'담론 관련 국내외 유아교육분야 학술연구 주제 동향 비교 분석. **열린유아교육연구, 29**(1), 125-154.
박신영 (2014). 유아교육 공교육화 정책네트워크 분석: 1993년부터 2013년까지. 이화여자대학교 대학원 박사학위논문.
박신영, 박은혜 (2019). 유아교육 공교육화 정책네트워크 시기 및 특성 분석. **유아교육연구, 21**(1), 155-180.
박은혜, 신은수, 조형숙 (2012). 세계 유아교육과정 동향에 비추어 본 국가수준 교육과정의 개정 방향.: 영국, 뉴질랜드, 미국의 유아교육과정을 기반으로. **유아교육학논집, 16**(5), 487-514.
세계경제포럼 (2016). 미래사회 필요한 역량.
사교육걱정없는세상 (2020). 소아정신과 전문의 85.2%, 조기인지교육은 정신건강에 부정적 영향! '영유아 인권법' 제정 시급해..., https://noworry.kr/policyarchive/?bmode=view&idx=5429818
신명옥 (2022). 한국의 유아교육정책 담론 분석: 진보신문의 사설을 중심으로. 중부대학교 대학원 박사학위논문.
심은희 (2010). 한국사립유치원의 변천과정. 이화여자대학교 대학원 박사학위논문.
신하영, 이미영 (2022). 유치원 3법 이후 유치원 운영 현장 실태와 과제. **인문사회과학연구, 30**(3), 192-219.
양옥승 (2015). 한국유아교육 정책의 변화와 전망. 한국유아교육학회 2015년 추계정기학술대회 자료집.
유소연, 김회광, 신재욱 (2012). 유아 교육용 어플리케이션에서 표현 모티브에 따른 캐릭터 선호도 분석. **디지털디자인학연구, 12**(3), 95-104.
이기숙, 장영희, 정미라, 엄정애 (2021a). **유아교육개론**. 양서원.
이기숙, 김정원, 이현숙, 전선옥 (2021b). **유아교육과정**. 양서원.
이기숙, 장영희, 정미라, 홍용희 (2003). 창의적이고 전인적인 인적자원 양성을 위한 유아교육 혁신. **이화교육총서, 2**, 1-112.

이미영, 김정현, 박효원, 신하영 (2021). 유치원 3법 제정 이후 유아교육 공공성 실태 분석(정책연구 2021-02). 경기도교육연구원.

이상금 (1987). **한국 근대 유치원 교육사**. 이화여자대학교출판부.

_____ (1989). **유아교육의 본질과 방향**. 양서원.

_____ (1992). 유아교육의 질적 고양을 위한 과제. **교육학연구, 30**(3), 153-164.

이상금, 이영석, 이기숙, 박찬옥 (1993). 2000년을 위한 유아교육의 장단기 발전방안. 한국유아교육학회, 유아교육발전정책연구진.

이원영 (1995). 유아교육의 공교육화 어떻게 이룰 것인가, 한국유아교육학회, 한국유아교육의 과제와 전망 세미나 보고서.

이윤진 (2020). 해방 이후 유아교육 정책 변천에 관한 고찰: 사립유치원을 중심으로. **한국교육사학, 42**(2), 51-74.

이지영 (2017). 신문사설의 저출산 현상 해결담론에 대한 비판적 담론분석. **열린유아교육연구, 22**(2), 135-158.

이지은 (2020). 유치원3법 통과 이후 유아교육의 변화. **육아정책포럼, 63**, 31-37.

이희경 (2006). **유아교육개론**. 태영.

장영훈, 이지현 (2020). 유아교육 공공성 관련 언론보도 빅데이터 분석. **열린유아교육연구, 25**(5), 321-353.

전윤숙, 조효미 (2019). 신문기사에 나타난 유치원 교사에 대한 인식. **영유아교육지원연구, 4**(1), 31-50.

전홍주 (2011). '유아 영어교육'에 관한 담론 분석: 신문 매체를 중심으로. **유아교육연구, 31**(1), 351- 376.

정미라, 김명순, 박은혜, 신동주 (2006). **한국의 현대적 아동관에 대한 탐색: 신문기사(1960~2000년)를 중심으로-**. 창지사.

정혜손 (2008). 한국 국공립유치원의 변천과정. 이화여자대학교 대학원 석사학위논문.

정혜욱, 이지영 (2016). 신문사설에 나타난 유아교육 공교육화에 대한 비판적 담론분석. **유아교육연구, 35**(6), 299-318.

조형숙, 조현정 (2021). 국내 저출산 관련 연구동향 분석: 2011~2020년 중심으로. **유아교육학논집, 25**(3), 253-277.

조선일보 (2024. 4. 15). 힘들게 영어유치원 보냈더니…"사교육 효과 없다" 반전 연구결과. https://v.daum.net/v/20250415115019649

주봉관 (2007). 우리나라의 유아교육과 보육사업 동향. **유아아교육·보육복지연구, 11**(1), 7-26.

최연실, 고선주, 권희경, 외 13인 (2015). **한국가족을 말하다: 현상과 쟁점.** 하우.
한국경제 (2023. 08. 20). 더 이상 방치해선 안 될 영유아 사교육 열풍. https://www.hankyung.com/article/2023082037641
한국교육개발원 (1982, 1989). 제5차, 제6차 교육개발 5개년 계획 관련 자료집.
한국일보 (2024. 4. 25). 기저귀 차고 본다는 '4세 고시' 영향? 강남3구 아동 우울증 · 불안장애 심각. https://v.daum.net/v/20250425152023708
한정신 (2016). 보육시설의 CCTV 설치에 따른 보육교사들의 인식에 대한 연구. 동국대학교 행 정대학원 석사학위논문.
행정안전부 (2021. 1. 4). 사상 첫 인구감소, 세대수는 사상 최대. 보도자료. https://www.mois.go.kr/frt/bbs/type010/commonSelectBoardArticle.do?bbsId=BBSMSTR_000000000008&nttId=82058&utm_source=chatgpt.com
Berk, L. (2007). *Development through the lifespan*. Allyn and Bacon.
_______ (2013). *Infants and Children: Prenatal ,through middle childhood.*
Bredekamp, S., & Rosegrant, T. (1992). *Reaching potentials: Appropriate curriculum and assessment for young children*. Volume 1. NAEYC.
Cunha, F. Heckman, J. Lochner, L. & Mastervov, D. V. (2005). *Interpreting the evidence of life cycle skill formation*. NBER Working paper No. 11331. Cambridge, MA: National Bureau of Economic Research.
EBS (2025. 4. 11). [단독] 국가 첫 연구로 드러난 '영어유치원' 부작용…"스트레스 · 갈등 심각". https://v.daum.net/v/20250411142647424
International Commission on Education for the Twenty-first Century (1996). *Learning: The treasure within: Report to UNESCO of the International Commission on Education for the Twenty-first Century*. UNESCO.
Fadel, C. (2015). *Redesigning the curriculum for a 21st century education*. Center for Curriculum Redesign.
Morrison, G. S. (2001). *Early childhood education today 8th edition*. Pearson.
Noddings, N. (1992). *The challenge to care in schools*. Teachers college press. 추병완, 박병춘, 황인표 역 (2002). **배려교육론: 인간화교육을 위한 새로운 접근**. 다른우리.
OECD (2005). *The definition and serestion of key competencies: Executive summary.* Paris, France: OECD.
______ (2006). *Starting strong II: Early childhood education and care.*
______ (2018). *The future of education and skills: Education 2030*. Position Paper.

PD수첩 (2022. 02. 25). '인천 어린이집 아동 폭행 그 후, 달라진 것은 없다' https://playvod.imbc.com/Vod/VodPlay?broadcastId=1000836100649100000
World Economic Forum (2015). New vision for education: Unlocking the potential of technology.

[인터넷 사이트]
위키피디아 (2025). 21st century skills. https://en.wikipedia.org/wiki/21st_century_skills?utm_source=chatgpt.com
지표누리 e 나라지표 https://www.index.go.kr/unity/potal/main/EachDtlPageDetail.do?idx_cd=1011
한국유치원총연합회 홈페이지 (2019. 01. 21). 유아교육법 시행령 등 입법 예고에 대한 공청회 http://www.yoochiwon.or.kr
KOSIS 국가통계포털 https://kosis.kr/index/index.do

CHAPTER

2

사회적 변화에 따른 보육과 돌봄의 개념 이해

1. 보육과 돌봄의 기본 개념

1) 보육과 돌봄의 일반적 정의

보육과 돌봄은 현대 사회의 일상생활뿐만 아니라 교육, 복지, 정책 등 다양한 분야에서 핵심적 개념으로 기능해 왔다. 일반적으로 보육(保育)은 '어린 이이를 보호하고 기르는 일'로 정의되며(국립국어원, 2023), 이는 신체적 안전을 보장하는 보호의 기능과 발달을 촉진하는 양육의 기능이 결합된 개념이다. 이러한 보육의 개념은 아동의 연령적 미성숙성과 비자립성을 전제로 하며, 생리적 · 사회적 요구를 충족시키는 구조화된 실천으로 이해될 수 있다. 반면 돌봄은 '사람이나 사물에 관심을 두고 정성스럽게 보살피는 일'로 정의되며(국립국어원, 2023), 단순한 물리적 보호를 넘어 정서적 · 윤리적 · 관계적 차원을 포괄하는 개념이다. 예컨대, '보살펴 부양하다', '건강을 유지하거나 회복을 돕다'라는 사전적 의미는 돌봄이 건강의 유지 · 증진, 관계의 형성, 삶의 질 향상을 포괄하는 복합적 행위임을 시사한다. 이는 보육보다 대상의 범주가 넓고, 행위의 성격 또한 비신체적 영역까지 포함된다는 점에서 독자적 개념으로 확장하여 이해해야 한다.

영어권에서 보육에 해당하는 용어는 'childcare' 혹은 'daycare'로, 이는 일반적으로 부모가 부재한 시간 동안 제3자가 제공하는 보호 및 활동 지원을 포함하는 개념이다. Merriam-Webster 사전은 childcare를 'working day 동안 어린이를 감독하고 돌보는 일'로 정의하고 있으며(Merriam-Webster, 2024), 이는 기능적이고 제도화된 보육의 성격을 강조하는 정의로 볼 수 있다. 반면 'care'는 신체적 보살핌에서부터 정서적, 도덕적 관심에 이르기까지 광범위한 의미를 내포하고 있다. UNESCO가 제시한 ECEC(Early Childhood Education and Care) 개념은 교육과 돌봄의 통합적 접근이 필수적임을 강조하고 있으며, 이는 돌봄이 단순한 보조적 행위가 아닌 유아교육의 주요한 요소

라는 주장을 뒷받침한다(UNESCO, 2022). 일본의 경우 '보육(保育)'은 이미 '교육을 내포한 보살핌'으로 제도화되어 있으며, 보육교사(保育士)는 교육과 케어를 통합적으로 수행하는 전문가로 정의된다. 특히, 문부과학성과 후생노동성이 공동 운영하는 '인정어린이원(認定こども園)' 제도는 보육과 교육의 통합을 제도적으로 실현한 대표 사례로, 이른바 '에듀케어(educare)' 개념을 법제화한 점에서 주목할 만하다(송치숙, 2020).

한편, 돌봄 개념은 유아교육을 넘어 노인복지, 장애복지 등 다양한 삶의 영역에서도 광범위하게 활용되고 있다. 예컨대, '노인돌봄'은 고령자의 일상생활을 지원하는 신체적 · 정서적 서비스 전반을 포괄하며, '장애인돌봄'은 기능적 한계를 보완하고 자율성과 존엄성을 증진시키는 실천으로 자리잡아왔다(박혜준 외, 2018). 이처럼 돌봄은 점차 단순한 보호에서 탈피하여 자기결정권, 존엄성, 관계성 등 인간 중심 가치로 확장되는 경향을 보이고 있다. 즉, 보육과 돌봄을 단순한 역할 분담적 개념이 아닌, 유아교육의 주요한 요소를 구성하는 상호작용적 실천으로 이해하려는 움직임이 확산되고 있다. 김지현과 양옥승(2009)은 보육을 '보살핌과 가르침이 공존하는 복합적 실천'으로 규정하며, 특히 영아 보육과정이 정서적 민감성과 교육적 대응이 유기적으로 결합된 구조임을 강조하였다. 이는 보육과 교육이 이분법적으로 나뉘어 이해되어서는 안 되며, 돌봄이 교육을 가능하게 하는 심리적, 정서적 기반이자 교육의 주요한 요소가 되어야 함을 주장한다고 볼 수 있다. 우리나라 유치원과 어린이집에서 급식과 낮잠지도를 하고 방과후 프로그램을 운영하는 현상은 이러한 주장을 뒷받침하는 근거로 볼 수 있다. 즉, 유아교육과정과 보육과정 모두에 형식적 제도적 구분 없이도 돌봄이 하루 일과 중에 녹아있다고 볼 수 있다.

국내에서도 돌봄이 단순한 보호 행위가 아니라 유아교육과정 안에서 놀이를 매개로 유아가 자기돌봄, 타인돌봄, 생명돌봄을 자연스럽게 경험하는 구조로 설계되어야 한다는 주장이 제기되고 있다(권혜진, 2024). 2019 개정 누리과정과 제4차 표준보육과정 역시 교육과 돌봄이 상호 내포된 관계임을 분명히 하며, 돌봄이 내재된 교육 실천을 강조하고 있다. 특히 임부연(2023)은 돌봄을 '인식론적 전회(epistemological turn)'의 개념으로 재정의하면서, 돌봄을 교사의 일방적 행위가 아닌 유아와의 상호작용 속에서 형성되는 관계적 실천으로 이해할 필요성을 제기하였다. 이는 돌봄을 교육의 주체적 구성요소로 재조명하며, 교사-유아 관계를 중심으로 한 실천의 재구성이 필요함을 의미한다. 보육과 돌봄에 대한 개념정의를 이해하기 위해서는 보육과 교육의 개념정의와 관련된 이슈도 고려해야 한다. 노딩스(Noddings, 2008)의 배려 윤리에 따르면, 돌봄은 교사와 유아 간의 응답적 관계를 바탕으로 하는 도덕적 실천으로 간주되며, 이는 교사의 존재방식 자체를 새롭게 정의할 것을 요구한다(이동윤, 2019). 즉, 보육과 돌봄은 제도적 서비스가 아닌 인간관계 중심의 실천으로 전환되어야 하며, 교육이 인지적 성장을 중심에 두는 것과 달리, 보육과 돌봄은 관계 회복과 인간 존엄성 실현에 중심을 둔 실천으로 이해될 필요가 있다. 영유아기 교육에서 보육과 돌봄은 상호 긴밀하게 연결된 통합적 개념으로 재정의되어야 하며, 교육과정 설계, 정책 수립, 실천 현장 전반에서 이들의 구조적 통합이 지속적으로 모색되어야 할 것이다(권혜진, 2024; 송치숙, 2020; 임부연, 2023; 정선아 외, 2023; UNESCO, 2022).

2) 보육과 돌봄의 개념 비교

우리나라에서 보육과 돌봄은 각각 고유한 개념적 토대와 실천 맥락을 지니고 있으나, 실제 영유아기 교육 현장에서는 서로 긴밀히 결합되어 통합적 구조로 작동하고 있다. 보육은 제도화된 틀 안에서 신체적 보호와 발달적 자극을 제공하는 기능 중심의 실천으로 사리 잡은 반면, 돌봄은 정서적 반응성과 관계 윤리를 기반으로 이루어지는 일상적 상호작용 중심의 실천으로 이해될 수 있다(김미진, 서보순, 2025; 임부연, 2023). 따라서 보육과 돌봄은 영유아의 전인적 발달을 위해 상호보완적으로 이해되어야 하며, 동시에 두 개념의 차이를 보다 분명히 하기 위해 개념적 정의를 세밀하게 비교할 필요가 있다.

최근 들어 보육과 돌봄에 대한 통합적 접근을 탐구하는 연구들이 증가하고 있으며(송치숙, 2020; 유해미, 박진아, 엄지원, 2021; 임부연, 2023; 정선아 외, 2023), 이들 연구에서는 보육이 제도화된 사회적 기능에 초점을 둔다면 돌봄은 존재론적 관계와 타자에 대한 응답성을 기반으로 한 윤리적 실천임을 강조하고 있다. 이는 유보통합 담론에서 보육과 돌봄이 동일한 개념이 아닌, 상이한 인식론적 기반을 지니고 있음을 시사하며, 제도적 통합 이전에 개념과 가치의 정합성 확보가 선행되어야 함을 주장한다. 보육은 보호와 교육의 융합적 개념으로, 부모의 경제활동을 지원하는 공공 제도를 전제로 어린이집과 같은 공간을 통해 식사, 수면, 위생 등 생리적 요구 충족과 발달적 자극을 병행하는 일상적 프로그램으로 운영된다. 이때 보육은 주로 물리적 안전성과 행정적 효율성 기준에 의해 평가되며, 복지 서비스로서 보건복지부의 관할 하에 관리되고 있다. 반면, 돌봄은 유아의 정서적 요구에 민감하게 반응하고 신뢰와 유대감을 형성하는 관계 중심의 실천으로서, 획일적 제도나 시간표보다는 유아 개별의 흐름을 존중하며 유연하게 전개되는 감정노동이자 윤리적 행위로 이해된다. 일부 학자들은 이러한 돌봄을 '응답성에 기반한 관계적 존재방식'으로 해석하며, 보육과 돌봄이 영유아기관의 기본 베이스로 자리매김해야 한다고 강조하고 있다(권혜진, 2024; 임부연, 2023; Noddings, 2008). 이는 돌봄이 단순한 부가적 기능이 아니라 교육 실천의 본질적 기반임을 강조하는 관점이다.

보육과 돌봄의 실천 양상은 교사의 역할 정체성에서 비교적 뚜렷하게 드러난다. 보육 교사는 일반적으로 신체적 안전 확보와 일과 운영 등 일상적 관리 기능을 중심으로 제도적 요구에 부응하는 실무적 전문가로 규정된다(김미진, 서보순, 2025). 그러나 영유아기의 발달 특성을 고려할 때, 보육 교사 역시 유아의 정서에 민감하게 반응하고, 정서적 안정과 존중의 분위기를 조성하는 역할을 수행해야 한다. 이러한 이유로 보육과 돌봄의 실천은 현장에서 명확히 구분되기 어렵고, 교사는 동시에 두 영역의 기능을 포괄하는 복합적 실천 주체로 작동한다. 돌봄의 맥락에서 교사는 단순한 보호자나 관리자 이상의 존재로, 유아의 정서적 요구를 인식하고 이에 응답하는 윤리적 중재자이며, 관계 형성의 주체로서 기능한다. 임부연(2023)은 이러한 교사의 존재 방식을 '관계적 윤리'에 기반한 돌봄 주체로 재정의하고, 상호작용 그 자체가 교육의 목적이자 과정임을 강조한다. 보육과 돌봄은 별개의 개념이 아니라 유아의 전인적 성장을 지향하는 통합적 실천으로 이해되어야 한다. 보육과정 속에서 이루어지는 일상적 돌봄은 단순한 보조적 활동이 아니라 보육의 질을 좌우하는 핵심 요인으로 작용한다. 따라서 유보통합 교육과정을 효과적으로 설계하기 위해서는 보육과 돌봄을 구분하기보다는 교육현장에서 하나의 연속적 과정으로 이해할 필요가 있다. 앞으로 우리나라가 유보통합 교육과정을 추진하려면, 보육의 일상 활동과 돌봄의 정서적 상호작용을 긴밀히 연결하여 유아의 삶 전체를 맥락화하는 학습 경험으로 재구성해야 한다. 이를 위해 교육활동, 놀이, 생활지도를 단편적으로 나누지 않고, 보육과 돌봄의 개념을 통합하여 설계하는 접근이 필요하다. 다시 말해 보육과 돌봄 개념의 통합은 단순한 기능적 흡수 또는 포함관계가 아니라 각 개념의 고유성과 가치를 존중하는 조율된 통합이어야 할 것이다. 이러한 조율은 유보통합의 행정적 과제를 넘어서, 교사교육, 정책설계, 교육과정 운영 등 유아교육의 전 영역에서 개념적 일치와 구조적 통합이 실현되어야 한다는 함의를 내포한다.

3) 개정 누리과정과 영유아보육과정에서의 보육과 돌봄

현대 유아교육은 돌봄과 교육의 통합을 단순한 실천 과제가 아니라, 교육과정 전반의 구조를 재구성해야 하는 철학적이고 정책적인 의제로 인식되고 있다(권혜진, 2024). 특히 2019 개정 누리과정과 제4차 표준보육과정은 이러한 논의에 대응하면서, 영유아를 위한 통합적 생애 초기 지원체계로서의 교육과정 모델을 제시하고 있다. 이에 본 절에서는 선행연구를 참고하여, 두 교육과정이 돌봄을 교육과 어떻게 내포적으로 통합하고 있는지를 구조적, 내용적, 실행적 차원에서 고찰하고자 한다.

우선 구조적 측면에서 2019 개정 누리과정과 제4차 표준보육과정은 모두 '영유아 중심 · 놀이 중심'이라는 철학적 기조에 따라 설계된 것으로 보인다. 이는 영유아를 단순히 보호의 대상으로 보는 것이 아니라, 스스로 표현하고 선택하며 주도적으로 학습하는 존재로 인식함으로써 교육과 돌봄의 경계를 허무는 중요한 전환점을 제공한다. 두 교육과정 모두 영유아의 개별적 특성이 반영된 '표현된 필요(expressed needs)'에 기초한 과정운영 실행을 강조하고 있으며, 이는 돌봄을 교육과정의 출발점이자 통합적 토대로 설정하고 있음을 보여준다. 두 과정의 내용 구성 차원에서 살펴볼 때, 보육이나 돌봄은 단순한 활동이나 보조적 요소가 아니라, 교육과정 내에 핵심 경험 요소로 내재되어 있는 것으로 나타난다. 권혜진(2024)은 돌봄의 교육적 구성 요소를 다음 다섯 가지로 분류하고 있다.

첫째, 자기 돌봄(self-care)은 유아가 자신의 위생과 신체 상태를 인식하고 관리하는 능력을 기르는 영역이다.

둘째, 타인 돌봄(caring for others)은 또래와의 상호작용 속에서 배려, 협력, 공감, 갈등 해결 등의 사회적 역량을 함양하는 경험이다.

셋째, 생명 및 환경 돌봄(caring for life and nature)은 동식물과 자연에 대한 존중과 생태 감수성을 기르는 생명윤리적 접근이다.

넷째, 도구·사물 돌봄(caring for things)은 일상 사물과 공간을 정리하고 책임감 있게 사용하는 생활 태도를 형성하는 영역이다.

다섯째, 생각 돌봄(caring for thoughts)은 자신의 감정과 사고를 인식하고 성찰하도록 돕는 인지적·정서적 자각의 과정이다.

이러한 돌봄 요소들은 영유아의 일상, 상호작용, 놀이 활동 속에 통합되어 실현되고 있으며, 교육과정이 문서적 지침에 머무르지 않고 실천적 통합으로 나아가고 있음을 보여주고 있다. 예를 들어, 식사 전 손을 씻고 친구와 함께 음식을 나누는 일상은 자기 돌봄과 타인 돌봄이 중첩된 실천이며, 교사의 감정 민감성과 반응성은 돌봄을 포함한 교육 실행의 주요 요건으로 작용하고 있다. 이 과정에서 교사는 단순한 지식 전달자가 아니라, 유아와의 상호작용을 통해 돌봄의 윤리를 실현하는 존재로 자리매김하고 있다. 권혜진(2024)은 이러한 교육과정의 내포적 통합에도 불구하고, 정책적으로는 여전히 교육부와 보건복지부의 이원화된 행정 체계가 현장의 실천적 통합을 저해하고 있음을 지적하고 있다. 특히 유보통합을 위한 제도적 논의가 교사의 자격체계나 실천 주체의 역할 정립 없이 추진될 경우, 교육과정의 통합적 성격이 약화될 수 있음을 경고하고 있다. 우리나라 2019 개정 누리과정과 제4차 표준보육과정은 돌봄과 교육의 구분을 전제로 하지 않고, 영유아의 전인적 발달과 행복을 중심에 둔 통합적 구조를 지향하는 경향이 있기에 돌봄은 교육의 전제가 될 수는 없지만 그 자체의 경험이 교육적 실천이 될 수는 있다. 따라서 향후 유보통합 정책과 제도 설계는 이러한 교육과정의 내포적 통합성을 토대로 삼아, 행정적 이원화를 극복하고 실질적 통합이 가능한 구조로 발전되어야 할 것으로 보인다.

2. 보육과 돌봄에 대한 사회적 개념 변화

1) 가족유형별 정책에 나타난 보육과 돌봄

(1) 저출산 정책에 따른 보육과 돌봄 개념의 변화

우리나라의 저출산 현상은 단순한 인구 감소를 넘어, 사회 구조와 국가 정책 전반의 방향을 근본적으로 전환시키는 핵심 변수로 작용해 왔다. 특히 저출산 문제는 보육과 돌봄 개념의 확장과 재정의에 직접적인 영향을 미쳤으며, 국가가 주도하는 공공 보육 · 돌봄 체계의 형성을 견인하는 결정적 계기가 되었다. 1990년대부터 본격화된 저출산 담론은 보육과 돌봄의 책임을 개인과 가족의 영역에서 국가의 정책적 책무로 이행시키는 전환점을 마련하였다(문무경 외, 2021). 1991년에 제정된 「영유아보육법」은 이러한 사회적 요구에 응답하여, 보육 제도화의 기초를 마련한 중요한 계기로 평가된다. 이 법은 영유아의 보호와 건전한 성장을 보장하기 위한 국가 차원의 지원체계를 구축하고자 하였으며, 이후 2000년대에 들어 저출산 대응을 위한 보편적 보육정책이 본격적으로 추진되었다. 특히 무상보육정책의 도입은 보육의 공공성과 접근성을 획기적으로 확대하는 데 기여한 전환점으로 작용하였다(김혜민 외, 2016). 무상보육은 초기에는 저소득층과 취약계층을 대상으로 시작되었으나, 2012년부터는 만 0~5세 모든 아동을 포함하는 전 계층 대상으로 확대되면서 출산율 제고를 위한 보편복지 정책으로 상징적 의미를 갖게 되었다(보건복지부, 2015).

저출산 관련 정책은 단순한 시설 확충에 그치지 않고, 돌봄 개념을 정서적 · 윤리적 차원으로까지 확장시키는 방향으로 발전해 왔다. '아이돌봄지원사업'은 이러한 흐름을 대표적으로 보여주는 사례로 언급된다. 이 사업은 맞벌이 가정이나 긴급 돌봄이 필요한 가정을 대상으로 공적 돌봄 서비스를 가정 내로 확장한 제도로, 돌봄을 비가시적 가족 노동이 아닌 국가가 제공하고 책임지는 사회적 자원으로 재정의한 사례로 볼 수 있다(이채정, 2018). 더불어 2010년대 들어 수립된 제2차 저출산 · 고령사회 기본계획(2011~2015), 제3차 기본계획(2016~2020) 등은 돌봄정책의 체계화를 적극적으로 추진하였다. 해당 계획을 통해 보육교사 중심의 전문 서비스 제공, 지역 맞춤형 입소대기 시스템 구축, 보편적 양육수당 지급 등의 정책이 마련되었으며, 이는 보육과 돌봄이 단순한 복지 행위를 넘어 아동권리 실현의 제도적 기반으로 기능해야 한다는 관점을 강화한 것으로 해석된다(문무경 외, 2021; 법제처, 2021).

그러나 이러한 보편적 보육 확장은 아이러니하게도 실질적으로 돌봄이 필요한 계층에게는 배제의 결과를 낳기도 했다. 예를 들어, 맞벌이 부부 외에 돌봄 제공자가 부재한 가정과 같은 고위험 집단은 우선순위 기준에서 배제되거나 동일한 점수를 부여받아 정책 형평성에 대한 문제가 제기되었다(문무경 외, 2021). 이는 보육정책이 행정적 편의 중심의 일률적 설계를 넘어, 사회적 돌봄 수요와 복합 구조를 반영할 수 있는 정교한 설계로 전환될 필요가 있음을 시사한다. 다시 말해, 저출산 대응 정책은 보육을 공공의 사회서비스로 재정의하고, 돌봄을 국가가 주도하는 제도적 영역으로 확장하는 데 결정적인 기여를 해 온 것으로 볼 수 있다. 보육은 단순한 탁아 기능을 넘어서 교육과 복지를 포괄하는 복합 개념으로 발전해 왔으며, 돌봄은 윤리적 실천이자 아동 권리 실현의 기제로 자리잡아가고 있다. 향후 정책은 보편성과 형평성, 접근성과 질적 수준이라는 네 가지 기준을 동시에 충족할 수 있도록, 보다 정교하고 통합적인 보육 · 돌봄 체계를 설계해야 할 것으로 판단된다.

(2) 취업모지원 정책에 따른 보육 · 돌봄 개념의 변화

산업화가 이루어진 이후 여성의 노동시장 참여가 본격화되면서 우리나라 가족 내 양육 구조는 급격히 해체되었고, 육아에 대한 사회적 분담의 필요성도 제기되기 시작하였다. 특히 취업모의 증가와 맞벌이 가정의 일반화는 보육과 돌봄을 개인의 책임에서 국가의 공적 책무로 전환시키는 핵심 동인으로 작용하였다. 이에 따라 보육정책은 취업모를 주요 수요집단으로 설정하고, 일 · 가정 양립을 위한 제도적 기반 구축에 집중하게 되었다.

초기 보육은 '탁아' 기능에 국한되어 여성의 노동을 보조하는 보호 중심 접근이 우세했으나, 이후 정책은 보육을 가족생활과 노동의 병행을 가능케 하는 사회 인프라로 확장되었다. 이러한 전환은 여성가족부, 보건복지부, 고용노동부 등 복수 부처의 협력 하에 추진되었으며, 보육과 돌봄은 복지, 노동, 교육을 가로지르는 교차 개념으로 진화한 것으로 보인다. 이러한 정책 흐름 속에서 주목할 제도는 시간제 보육, 연장형 보육, 아이돌보미 파견 등 탄력적 보육서비스였다. 시간제 보육은 전일제 이용이 어려운 취업모의 유연한 노동시간에 부합하도록 설계되었으며, 이는 보육의 시간 개념을 고정된 구조에서 생활 기반으로 재구성하는 계기를 제공하였다. 아울러 돌봄의 공간은 어린이집 중심에서 가정 · 근린으로 확장되었고, 아이돌봄서비스는 가정에 돌보미를 파견하여 정서적 안정과 일상생활 연계를 동시에 실현하고자 하였다. 이러한 제도적 흐름은 돌봄의 개념 자체에도 변화의 계기를 마련하였으며, 돌봄은 더 이상 보호에 국한되지 않고, 아동과 성인 간의 관계를 기반으로 형성되는 상호적이고 윤리적인 실천으로 개념화되고 있다. 이와 같은 확장은 돌봄의 주체 또한 재정의하게 만들었으며, 취업모 정책은 돌봄을 '여성의 일'로 한정하던 성별 분업 구조를 해체하고, 국가, 민간, 지역, 아버지를 포함하는 성별 중립적 책임 체계로의 전환을 이끌어냈다.

그러나 이런 양육에 대한 인식변화에도 불구하고 사회적, 구조적 한계는 여전히 존재하는 것으로 보인다. 보육, 돌봄서비스 이용의 형평성이 확보되지 못하고 있으며, 야간 · 주말 근무를 포함한 유연 노동 형태의 취업모는 기존 제도에서 배제되는 경우도 빈번하게 나타난다. 따라서 돌봄정책은 보편성 중심의 설계를 넘어, 생애주기와 노동유형에 따른 세분화와 생활밀착형 유연성이 병행되어야 할 필요가 있다. 다시 말해, 취업모 지원을 위한 정책은 보육을 단순한 아동 보호에서 가족 단위의 삶을 지지하는 사회 기반으로 재정의하는 흐름을 보여주고 있으며, 돌봄은 윤리적 실천이자 교육과 복지를 아우르는 복합적 제도로서 위상을 갖추고 있다고 해석할 수 있다. 취업모를 중심으로 한 정책은 국가의 공공 책임 확대와 돌봄의 제도화를 이끌어내는 이중적 통로로 작동하고 있으며, 향후 정책은 시간, 공간, 관계성을 유기적으로 통합하는 구조적 전환을 지속적으로 요구받고 있는 것으로 보인다.

(3) 저소득층 지원정책과 보육 · 돌봄 개념의 변화

보육과 돌봄에 대한 국가의 정책적 접근은 초기에는 저소득층 아동의 생존권 보장과 복지 사각지대 해소라는 실질적인 과제에서 출발하였다. 아무래도 저소득층에서 부부 모두가 취업해서 가정의 양육의 지원이 절실한 경우가 더 많기 때문으로 보인다. 특히 1990년대 IMF 외환위기 이후 빈곤 아동의 교육 및 돌봄 격차 문제가 사회적으로 공론화되면서, 보육의 공공성 강화를 요구하는 국가적 담론ㅇ루 확장되기 시작하였다. 이러한 배경 속에서 보육은 단순한 시설 제공이나 탁아 개념을 넘어서 사회적 불평등 해소를 위한 복지 수단으로 전환되었고, 돌봄은 정서적 · 관계적 지원이 결합된 다차원적 개입 행위로 재정의된 것으로 보인다(김범인, 2020).

저소득층을 대상으로 한 대표적인 보육 지원 제도는 보육료 지원, 양육

수당, 아이돌봄서비스 바우처, 드림스타트 사업 등으로 구성된다. 특히 2004년에 도입된 드림스타트 사업은 소득 하위 계층 아동에게 영양, 건강, 정서, 발달, 가족지원 등 전인적 영역에 걸친 통합 서비스를 제공하고 있으며, 이를 통해 돌봄이 단지 생리적 보호 기능에 머무르지 않고 아동의 삶 전반에 적극적으로 개입하는 개념으로 제도화되었음을 보여준다. 이러한 정책들은 보육을 '권리 보장'의 수단으로 재정립하였으며, 보육기관은 아동 발달을 지원하는 교육기관인 동시에 사회통합을 위한 복지 공간으로 기능하고 있다. 특히 개정된 「영유아보육법」에서는 "모든 아동은 차별 없이 보육을 받을 권리가 있으며, 국가와 지방자치단체는 이를 보장할 책무를 진다"는 조항이 명문화되었고, 이는 보육의 법적 위상을 권리의 영역으로 전환시키는 계기가 되었다(보육법개선안, 2021).

돌봄 역시 저소득층 정책 맥락 속에서 정서적 복지로서의 위상을 확보한 것으로 평가된다. 예를 들어, 지역 내 돌봄 인프라가 부족한 지역에 파견되는 공공형 아이돌보미는 단순한 시간제 보호자를 넘어서 아동의 사회성 발달과 정서적 안정에 기여하는 정서적 동반자로 기능하고 있다. 이와 같은 돌봄의 역할은 관계성, 윤리성, 대응성의 특성을 내포하고 있으며, 이는 돌봄이 단순한 서비스 공급 행위가 아니라 삶의 질과 존엄성에 기여하는 실천적 윤리임을 시사한다(임부연, 2023). 이처럼 돌봄 개념의 확장은 수직적 보호 개념을 넘어, 계층과 조건을 초월한 수평적 복지로의 전환을 의미한다. 즉, 돌봄은 특정 계층이나 연령대에 한정된 특수서비스가 아니라, 소득, 거주지, 부모의 상황과 무관하게 누구에게나 보편적으로 제공되어야 하는 권리로 인식되기 시작하였다. 이러한 흐름은 사회서비스 바우처 제도의 확대와도 밀접하게 연계되며, 국가는 돌봄의 주체로서 제도적 장치를 마련하고 민간 기관과의 협력을 통해 돌봄을 제공하는 복합 책임 구조로 이행해가고 있다(김병인, 2020). 아울러 저소득층을 대상으로 하는 보육 및 돌봄 정책은 복합위기 상황에 대응하는 구조로 기능하고 있다. 한부모 가정, 경제적 빈곤, 부모의 질병, 교육 격차, 문화 자본 부족 등 다양한 위험 요인이 중첩된 가정의 경우, 단일한 서비스로는 충분한 대응이 어려우며, 이때 보육과 돌봄은 서로 상보적인 축으로 작동하게 된다. 이에 따라 현장에서는 전담 돌봄 코디네이터 배치, 사례관리 기반의 접근 방식, 기관 간 연계 시스템 등이 적극적으로 활용되고 있으며, 이는 돌봄이 단순한 보호 행위를 넘어서 통합적 개입 전략이라는 인식이 정착되고 있음을 보여준다(김현아 외, 2017).

그럼에도 불구하고 저소득층의 보육, 돌봄과 관련된 현행 정책의 문제가 많이 지적받고 있다. 몇 가지 언급해 보면, 첫째, 저소득층 아동에 대한 보육의 질적 차이는 여전히 존재하며, 사립 민간시설에 대한 의존도가 높은 현실 속에서 국가의 질 관리 책임은 분산되고 있는 실정이다. 둘째, 돌봄 바우처 제도는 인력과 예산의 한계로 인해 실질적으로 돌봄이 가장 필요한 시간대인 야간, 주말, 방학 등에는 충분히 활용되지 못하고 있으며, 이는 제도 설계가 '표준 근무시간'에 맞춰 구성되어 있다는 구조적 모순을 드러내고 있다. 저소득층을 대상으로 한 보육과 돌봄 정책은 보육을 단순한 생존 보장의 영역에서 아동의 권리 실현의 영역으로, 돌봄을 사적 노동이 아닌 사회적 실천의 영역으로 전환시키는 데 중요한 역할을 수행해왔다. 이러한 흐름은 보육과 돌봄이 복지국가의 핵심 구성 요소로 자리매김하는 과정의 일환으로 해석될 수 있으며, 향후 정책은 보편성과 지속가능성, 질적 향상과 접근성이라는 네 가지 기준을 충족할 수 있는 방향으로 재구성되어야 할 것이다.

(4) 다문화가족지원 정책 관련 보육과 · 돌봄 개념 변화

한국 사회는 2000년대 이후 국제결혼의 증가, 외국인 근로자의 유입, 북한이탈주민의 정착 등 다양한 사회문화적 배경을 지닌 인구 집단이 유입되면서 다문화 사회로의 전환기를 맞이하였다. 이러한 변화는 사회 전반에 걸쳐 문화적 다양성과 포용성을 요청하는 계기를 마련하였고, 아동 돌봄 및 보육 정책 역시 단일문화 전제를 기반으로 한 기존 체계에서 벗어나야 한다는 요구가 제기되고 있다. 특히 다문화 가정 아동을 위한 보육과 돌봄의 개념은 '적응 지원'과 '차별 해소'라는 이중의 목표 하에 구조화되었으며, 문화 감수성, 정체성 형성, 권리 존중 등의 요소가 핵심 지향점으로 부각되고 있는 것으로 보인다(김병인, 2020).

다문화 정책의 초기 단계에서는 주로 한국어 교육과 생활 적응 지원에 초점이 맞추어졌으나, 2010년 이후부터는 다문화 가정의 돌봄 공백, 양육 · 교육 격차 등 구조적 문제에 대한 관심이 확대되기 시작하였다. 이 과정에서 보육은 단순한 보호 및 탁아의 기능을 넘어, 언어적 · 문화적 차이를 포용하고 아동의 정서적 안정과 사회적 소속감을 증진시키는 매개 공간으로 재정의되고 있다. 특히 보육기관에서는 다문화 감수성 교육, 언어 발달 지원, 가정-기관 간 연계 강화 등의 실천이 강조되고 있으며, 돌봄은 물리적 보호를 넘어서 사회적 통합을 위한 윤리적 기제로 개념화되고 있다고 볼 수 있다(보건복지부, 2015; 박영아, 2010).

정책적으로는 2008년 제정된 「다문화가족지원법」과 그에 기반한 다문화가족지원센터의 설립이 중요한 전환점을 이루었다. 해당 법은 다문화 가족의 안정적 생활과 사회 통합을 목적으로 하며, 자녀 돌봄과 보육 역시 그 핵심 영역으로 포함되어 있다. 다문화가족지원센터는 언어 발달, 부모 교육, 상담 지원뿐 아니라 지역 내 어린이집과의 연계를 통해 문화적 중재 기능을 수행하고 있으며, 이는 보육 · 돌봄 개념의 문화적 확장을 제도적으로 뒷받침하는 기반이 되고 있다. 이러한 흐름 속에서 보육은 다문화 아동에게 단순한 보호 공간이 아니라 문화 사회화의 장으로서 기능하고 있다. 보육과정에서는 타문화 이해 교육뿐 아니라 아동이 자신의 문화 정체성을 긍정적으로 인식할 수 있도록 자기 표현 활동, 가정 언어 사용 기회, 개별 맞춤형 상호작용 등을 포함하고 있으며, 이는 돌봄이 단순한 수요자 맞춤형 서비스를 넘어 문화적 주체성을 존중하는 윤리적 실천으로 진화하고 있음을 보여준다(임부연, 2023).

그러나 현실에서는 여전히 언어 중심 통합주의나 문화 중심주의적 접근이 우세하게 나타나고 있다. 예를 들어, 보육기관에서 다문화 아동의 가정 언어나 문화적 배경이 존중되지 않는 경우, 아동은 정서적 위축과 더불어 교육적 배제를 경험하게 되며, 이는 돌봄의 윤리적 기반을 약화시키는 결과로 이어질 수 있다(박영아, 2010). 이러한 문제는 돌봄이 '특정 문화에 기반한 방식으로만 실현될 수 있다'는 전제를 강화시키는 구조적 위험성을 내포하고 있다. 이에 따라 돌봄은 단지 다문화 아동을 수용하는 공간을 넘어서, 문화 간 대화와 상호 존중이 실현되는 민주적 공간으로 기능해야 한다. 돌봄이 보호-양육-정서 지지의 수직적 전달체계를 구성할 때보다, 아동 · 교사 · 가정이 상호 참여하는 수평적 실천으로 구현될 때 비로소 다문화 현실에 적합한 돌봄 구조로 기능할 수 있다(임부연, 2023). 다문화 가정의 경우 언어 장벽과 정보 접근성의 제한으로 인해 보육서비스 이용에서 배제되기 쉬우며, 이는 구조적 돌봄 공백으로 이어질 가능성이 높다. 이에 정부는 다국어 기반의 보육정보 제공, 입소 절차 간소화, 상담 인력 확충 등의 정책을 통해 접근성을 강화하고 있으며, 이는 돌봄을 '설계된 평등'이 아니라 '실현 가능한 형평성'의 원리로 접근하려는 제도적 흐름으로 이해된다(김현아 외, 2017). 우리나라의 다문화 정책은 보육과 돌봄의 개념을 문화적 감수성, 권리 기반 접근, 관계 중심 실천이라는 세 가지 방향에서 재정립하는 데 기여하였다. 그러나 향후에는 다문화 가정의 개별성과 맥락성을 고려한 맞춤형 돌봄체계 설계와, 보육과정 전반에 걸친 다문화적 윤리의 내면화가 지속적으로 요구될 것으로 보인다.

(5) 기타 가족지원 관련 보육 · 돌봄 개념 변화

최근 수십 년간 한국 사회는 가족 구조의 급속한 다변화를 경험해 왔다. 1인 가구, 비혼 출산, 한부모 가정, 조손가정 등 다양한 가족 형태가 증가하면서 돌봄의 주체는 더 이상 전통적인 양친 가정에 국한되지 않게 되었고, 이에 따라 보육과 돌봄 개념 역시 획일적인 가족 구성 전제를 따르기 어려운 상황에 놓이게 되었다. 특히 편모 · 편부 가정과 조부모가 손자녀를 양육하는 조손가정의 증가는 돌봄의 연령 및 범위를 확장시킴과 동시에 국가의 개입 방식에 대한 전환 필요성을 드러내고 있으며, 이는 다양한 가족 형태에 기반한 맞춤형 돌봄 정책의 필요성을 더욱 부각시키고 있다(김병인, 2020; 문무경 외, 2021). 편모 · 편부 가정은 일반적으로 경제적 불안정성과 돌봄 공백이라는 이중의 구조적 취약성을 동반하는 경향이 있다. 이러한 배경 속에서 정부는 1999년에 제정된 「한부모가족지원법」을 중심으로 생계비 지원, 아동 양육비 지원, 자립 촉진 프로그램 등을 도입하였고, 보육료 우선 지원, 긴급돌봄 서비스, 아이돌보미 우선 배정 등 돌봄 중심 정책 또한 함께 시행해 오고 있다. 이러한 정책 흐름은 보육을 단순한 보호 기능에 머무르지 않도록 하면서, 가족기능 회복을 위한 제도적 장치로 그 역할을 확장시키는 계기를 마련하였다(보건복지부, 2015).

한편 조부모가 손자녀를 양육하는 조손가정의 증가는 세대 간 돌봄 전이의 심화라는 정책적 과제를 새롭게 제기하고 있다. 고령의 조부모는 신체적 · 정서적 한계로 인해 아동의 발달적 요구에 충분히 대응하기 어려운 상황에 놓여 있으며, 이에 따라 돌봄의 질적 저하 및 고립 문제가 자주 발생하고 있는 실정이다. 이를 보완하기 위해 정부는 아이돌봄서비스 및 지역 돌봄 기관과의 연계 사업을 통해 조손가정 내 돌봄 공백을 최소화하고자 노력하고 있으며, 가정양육 지원 확대, 돌봄 코디네이터 파견, 맞춤형 사례관리 사업 등을 통해 지역사회 중심의 돌봄 접근성을 점차 강화하고 있는 것으로 보인다(김현아 외, 2017). 이러한 흐름 속에서 보육의 개념은 특정 가족 구성 형태에 한정되지 않고, 다양한 가족의 삶을 지원하는 공공 인프라로서의 의미를 확대해 나가고 있다. 특히 보육기관은 돌봄의 중심을 아동 개인에서 가족 전체의 기능 회복으로 확장시키고 있으며, 가족 구성 형태에 따른 차별 없는 서비스를 제공할 수 있도록 제도적 · 윤리적 책무를 수행하고 있다. 아울러 돌봄은 단지 아동에게 제공되는 개별 서비스의 차원을 넘어서, 돌봄 제공자인 편모 또는 조부모의 부담을 완화하고, 지역사회 내 연결망을 형성하는 관계적 복지 자원으로 진화하고 있다고 볼 수 있다(임부연, 2023).

이와 같은 다양한 가족유형에 대한 정책적 진화는 실천 현장에서 보다 민감한 대응을 요구하고 있다. 예를 들어, 편모 · 편부 가정의 시간적 제약, 조부모의 디지털 접근성 부족, 돌봄 수행에 따른 정서적 스트레스 등은 실질적인 정책 설계에서 핵심적으로 고려되어야 하는 요소들이다. 이에 따라 보육과 돌봄 서비스는 단일 기능에 국한되지 않고, 상담, 심리지원, 가정방문 등을 포함한 혼합형 통합 모델로 구성되어야 하며, 이를 통해 서비스의 접근성과 효과성을 제고할 수 있어야 한다. 그러나 현재의 제도 설계는 여전히 '양친 가정'을 기본값으로 상정하고 있으며, 이는 다양한 가족 형태의 특수성을 반영하는 데 있어 구조적 제약으로 작용하고 있는 상황이다. 예컨대 아이돌봄서비스의 우선순위 기준이 소득 및 취업 여부에 지나치게 의존할 경우, 편모 · 편부 가정이 직면한 정서적 긴급성과 실질적 돌봄 요구는 정책적 고려에서 배제될 위험이 있다(문무경 외, 2021). 따라서 향후 다양한 가족유형을 지원하는 돌봄 정책은 가족 유형 간 '형평성 있는 차별화'가 실현될 수 있도록 유연하게 설계되어야 하며, 돌봄의 제도적 기반 역시 가족 구조의 다양성을 반영하는 포괄적 체계로 재구조화되어야 한다. 이처럼 가족구조의 다변화는 보육을 특정 가족 형태에 한정된 서비스가 아니라 다양한 가족 구성원을 지원하는 사회적 기반으로 재인식하게 만들었으며, 돌봄은 아동 개별을 넘어서 가족 전체의 삶과 밀접히 연계된 다층적 지원체계로 개념이 재정립되어야 할 것이다.

2) 최근 사회적 이슈를 통해 본 보육과 돌봄

지금까지 우리나라는 다양한 사회적 요구 변화에 따라 보육과 돌봄의 개념을 반복적으로 재정의해 왔다. 과거 보육은 교육과 분리되어 공공의 책임과 재정 지원을 중심으로 한 기능적 실천 개념으로 사용되었으며, 돌봄은 주로 교육과 보육이 이루어지지 않는 시간에 제공되는 보완적 활동으로 이해되었다. 그러나 최근 정부가 발표한 제3차 유아교육 발전 기본계획(2023~2027)에는 학부모의 돌봄 수요를 반영하여 유치원의 등원 시간을 기존 오전 9시에서 8시로 앞당기고, 방과후 과정 지원과 학비 경감을 단계적으로 확대하는 내용이 포함되어 있다(서울신문, 2023). 이러한 정책은 유치원이 단순한 교육기관의 성격을 넘어 돌봄 기능을 강화한 복합적 기관으로 변화해야 함을 보여준다. 이는 학부모들이 단순히 교육 제공만을 기대하는 수준을 넘어, 근로시간과 가정의 생활특성에 맞는 돌봄 서비스를 요구하고 있음을 반영한다. 다시 말해, 이 이슈를 통해 부모들이 유치원 방과후 시간과 방학 기간에도 자녀의 안전과 발달을 보장하고, 동시에 가정의 양육 공백을 보완해 주기를 기대하고 있으며, 이러한 사회적 요구는 유치원이 교육과 돌봄을 병행하는 복합적 기관이 되어주기를 기대하고 있음을 확인할 수 있다.

이런 사회적 이슈와 연계하여 최근 들어 정부가 유보통합 정책을 적극적으로 추진하면서, 유아교육과 보육을 통합하는 과정에서 '돌봄'의 개념이 핵심적으로 부각되기 시작하였다. 즉, 오늘날 유보통합은 단순한 행정적 결합을 넘어, 영유아의 삶 전반을 포괄하는 실천적 구조로 전환하기 위해 '돌봄'의 철학적 의미를 재조명하고 이를 정책 설계의 핵심 요소로 수용하려는 움직임으로 발전하고 있다. 이러한 사회적 이슈는 김대웅과 박윤현(2023)의 유보통합 관련 기사 담론 분석 연구에서도 확인할 수 있듯이 보육과 돌봄 개념이 여전히 제도적, 행정적 차원에만 집중되는 경향을 보이고 있다. 따라서 향후 정책은 아동의 발달권과 교육적 돌봄을 중심으로 재구성된 보육과 돌봄의 개념을 고려할 필요가 있다. 정부가 유보통합을 본격적으로 추진하는 과정에서 제기되는 또 다른 핵심 이슈는 기관 운영 구조와 '법인화' 문제이다. 최근 이슈가 된 이 문제는 전국 영유아교육기관의 83.8%가 개인이 운영하는 현실을 지적하며, 유보통합을 위해서는 법인형 영유아학교 운영을 확대하고 국공립 전환 및 공영형 모델 비중을 높여야 한다는 보도가 나오기도 했다(베이비뉴스, 2025). 이러한 이슈는 기존의 교육과 보육, 돌봄의 통합이 추상적이고 개념적인 개념으로 인식되던 것을 운영주체의 성격과 지원방식을 현실적으로 고민하는 사회가 된 것임을 단편적으로 나타내고 있다. 이런 이슈를 통해서 최근 사회적으로 유보통합을 단순히 제도 통합이 아니라, 영유아 기관의 공공성 강화와 영유아의 이상적인 발달을 보장을 현시적인 기관유형에 대해 고민해야 함을 말해주고 있다. 즉, 본질적인 유아교육과 통합된 보육과 돌봄을 기대하기 위해서는 실질적인 공공성이 강화된 기관 유형의 구체적 방향이 어떠해야 하는지 합의해야 하고 그 기관의 소유 및 재정지원방식도 현실적인 방향으로 추진하도록 하루빨리 노력해야 할 것이다.

한편, 최근 들어 유치원의 방학 기간 동안 대체인력 없이 에듀케어 강사가 유아를 전일 책임지는 이른바 '독박돌봄' 문제가 사회적 이슈가 되기도 하였다. 이와 관련해 전국학교비정규직노동조합이 대체인력 인건비 현실화와 교육청의 전액 부담을 요구한 사실이 온라인 매체로 보도되기도 하였다(뉴스클레임, 2023). 그러나 이 사안을 단순히 대체인력 투입 여부의 문제로만 한정하여 이해하기보다는, 보육과 돌봄의 본질에 기반 해 해석할 필요가 있다. 즉, 보육과 돌봄의 본질적 가치는 영유아가 기관에서 일상적으로 접하는 다양한 경험들이 발달을 지원하는 경험으로 이어져야 한다는 점에 있기 때문에, 이러한 관점에서 에듀케어 강사의 업무과중 이슈를 보육, 돌봄의 문제와 연결하여 해석해야 한다. 따라서 유치원의 방학 기간에 에듀케어 강사의 과중한 업무부담을 줄이기 위해 단순히 낯선 임시 교사를 투입하는 방식은 보육과 돌봄의 본질적 가치 측면에서 신중히 검토할 필요가 있다. 그렇다고 해서 현재 유치원 교사가 하루 종일 교육과 함께 에듀케어 강사의 업무까지 모두 담당해야 한다는 것은 절대 아니다. 다만, 우리나라 대부분의 가정에서 유아기 자녀를 기관에 보내는 현실을 고려할 때, 방학 기간의 돌봄이 줄어들거나 사라질 가능성은 낮으며, 따라서 이 돌봄 시간이 발달적으로 의미 있는 시간이 되도록 설계하는 방안을 모색해야 한다. 예를 들어, 유치원 반의 담임교사를 트리플 담임제로 운영하여 방학을 포함한 유아의 기관 생활 전반을 정규교사가 3교대로 맡는 방식은 고려할 만한 대안이 될 수 있다. 따라서 에듀케어 강사의 업무과중에 대한 사회적 이슈는 단순히 대체강사 투입이라는 임시방편적 해결책보다는, 유치원 교육과정 속에 질 높은 돌봄이 구조적으로 포함될 때 비로소 근본적으로 해결될 수 있을 것이다. 여기서 중요한 것은 유치원 교육을 보육 · 돌봄의 맥락 속에서 재통합하고, 방학 중에도 영유아가 의미 있는 관계와 발달을 경험할 수 있는 교육적 돌봄 환경을 마련하는 일이다. 결국, 에듀케어 강사의 과중한 노동 문제를 넘어 돌봄의 본질을 교육적 가치와 연결함으로써 보육과 돌봄의 개념을 새롭게 정립하는 논의가 필요하다.

이상과 같이 여러 사회적 이슈를 통해 보육과 돌봄의 개념을 살펴본 결과, 두 개념은 여전히 교육과 이분법적으로 구분되거나 단순히 형식적 · 물리적 통합의 차원에서 이해되는 경향이 남아 있다. 그러나 최근 들어서는 보육과 돌봄을 교육과 긴밀히 연결하여, 그 본질적이고 유기적인 통합을 모색하려는 논의가 점차 확산되고 있음을 확인할 수 있다. 특히 유보통합 담론에서 '보육'은 제도 개편과 기관 유형을 규정하는 핵심 키워드로 강조되는 반면, '돌봄'은 상대적으로 주변적 개념으로 머무르는 실정이다. 그러나 유보통합의 핵심은 단순한 제도 통합이 아니라, 영유아기의 발달을 실질적으로 지원하는 교육적 경험에 있음을 분명히 할 필요가 있다. 따라서 교육 · 보육 · 돌봄의 철학적 통합을 저해하는 기존 담론을 극복하고, 보육과 돌봄의 개념이 영유아교육의 궁극적 목적과 긴밀히 연계될 수 있도록 재정립해야 한다. 다시 말해, 미래의 유보통합이 영유아 발달을 실질적으로 지원하는 교육의 통합으로 기능하기 위해서는, 교육 · 보육 · 돌봄의 개념을 단순한 행정적 조정 차원을 넘어 윤리성, 관계성, 발달적 가치를 포괄하는 통합적 정책 기조로 반영할 필요가 있는 것이다.

3. 영유아 기관의 변화에 따른 보육과 돌봄

1) 시기별 주요 영유아기관의 변천과 보육과 돌봄

우리나라의 영유아 교육기관은 각 시기별 사회적 요구와 정책 환경에 따라 다양하게 등장해 왔으며, 이들 기관은 보육과 돌봄의 기능을 분화하거나 통합하는 역할을 수행해 왔다. 각 기관은 설립 목적, 운영 주체, 대상 연령, 시간 구조, 프로그램 구성 등에 따라 기능적 특성이 구분되며, 이는 보육과 돌봄의 사회적 의미 변화와 밀접하게 연결되어 있는 것으로 보인다. 따라서 보육과 돌봄을 담당해 온 기관과 시설의 시기별 변화를 고찰함으로써, 보육과 돌봄의 가치 및 의미 변화에 대한 이해가 필요하다.

1960년대 이전의 탁아소는 지역 공동체에서 운영된 비공식 보육 공간으로서, 유아의 생리적 보호와 안전 확보를 중심으로 기능해 왔다. 이 시기의 돌봄은 대부분 가정 내 여성 구성원에 의해 무보수로 수행되었으며, 공적 개입은 이루어지지 않았다. 탁아소는 명시적인 교육 기능 없이 보호 중심의 보육 역할만을 담당해 왔다. 1970년대에는 새마을운동의 일환으로 '새마을유아원'이 등장하였고, 이는 농촌 유아를 위한 기본적인 보육과 일부 정서적 돌봄 기능을 병행하는 공간으로 발전하였다. 1980~1990년대에는 어린이집 제도화가 이루어졌고, 직장어린이집이 확산되었으며, 비제도권에서는 놀이방과 공부방이 등장해 민간중심으로 일시적 보호 공간으로 기능하였다. 이들 민간시설은 전문가의 자격 요건이 불분명하고, 질 관리에 한계가 있었던 것으로 나타난다.

2000년대 초반부터는 '에듀케어' 개념이 도입되면서 보육과 교육의 통합이 시도되었고, 국공립어린이집 확충과 함께 지역아동센터가 법제화되었다. 지역아동센터는 방과 후 정서지원과 학습보조 기능을 제공하면서 돌봄 중심 기관으로 자리 잡았다. 2008~2013년에는 민간어린이집과 방과후교실이 보육과 돌봄의 중심축으로 부상하였고, 바우처 기반 정책이 확산되었다. 이 시기에는 돌봄과 보육이 제도상 병렬적으로 운영되었으나, 현장에서는 아동의 생활 흐름이 단절되는 문제가 자주 나타났다. 2013년 이후에는 연장형 보육과 학교돌봄터가 도입되어 서비스의 유연성이 확대되었으며, 보육은 종일 근무 부모를 위한 시간 확장 기능을 중심으로 발전하였다. 돌봄은 학교 공간을 활용한 공교육 연계로 진화하고 있다. 2017년 이후에는 '함께자람센터'가 지역 중심 통합돌봄 플랫폼으로 운영되고 있으며, 국공립어린이집 확충과 무상보육 확대가 병행되었다. 보육의 공공성과 형평성이 강조되면서 돌봄과 보육 간 제도적 연계가 본격화된 것으로 평가된다. 2021년 이후에는 '늘봄학교'와 '유보통합 기반기관'이 등장하였으며, 초등 돌봄과 유아 보육의 기능을 통합한 실천 모델로 발전하고 있다.

이 시기를 기점으로 보육과 돌봄의 구조적 융합이 본격적으로 전개되고 있는 것으로 분석된다. 이상의 내용을 시기별로 종합해 보면, 교육, 보육, 돌봄의 개념은 각기 다른 시대적 요구와 맥락 속에서 유기적으로 변모해 온 것으로 정리할 수 있다. 이상의 내용을 중심으로 시기별 보육과 돌봄의 개념 변화를 정리하면 다음 표와 같다.

표 2-1 시기별 주요 영유아 기관 유형별 보육과 돌봄 개념의 특징

시기	주요 기관 유형	보육과 돌봄 개념의 특징
1960~1970년대	탁아소	구빈 정책의 일환으로 '보호' 중심, 사회적 약자를 위한 시혜적 성격이 강함
1980년대	새마을유아원, 어린이공부방	농어촌 · 취약지역 중심의 일시적 보호, 공공성 확대 시도, 교육보다는 보호 기능 중심
1990년대	직장어린이집, 민간어린이집	여성의 경제활동 증가에 따라 직장 기반 보육 수요 증가, 보육의 '서비스화' 경향 본격화
2000년대 초반	국공립어린이집 확대, 방과후교실 도입	보육의 공공성 강화, 맞벌이 가정 중심의 돌봄 서비스 확대, 교육과 돌봄 기능을 병행하는 기관 등장
2010년대	유치원-어린이집 통합 시범사업(에듀케어), 아이돌봄서비스, 시간제 보육, 지역돌봄기관	'교육+돌봄' 통합 개념 확산, 유보통합 논의 본격화, 가족 돌봄 부담 완화 중심 정책을 강화하면서 기관중심의 시간제 보육, 지역기반 돌봄사업 확대
2020년대~현재	함께자람센터, 늘봄학교, 지역아동센터 등 통합 돌봄 모델 확대	마을 기반 통합돌봄체계 지향, 아동의 전인적 발달과 권리 중심, 돌봄의 사회적 책임 강조

(1) 1960년대 이전: 가족 중심 돌봄과 보호 중심 보육의 태동

1960년대 이전의 보육과 돌봄은 제도화되지 않은 가족 내 실천으로 이루어졌으며, 주로 여성 가족 구성원인 어머니나 할머니에 의해 무보수로 수행된 것으로 나타난다. 이 시기의 보육은 보호 기능에 집중되었고, 교육적 요소는 거의 반영되지 않았다. 대표적인 기관으로는 '탁아소'가 존재했으며, 이는 농촌 여성의 농번기 노동을 지원하기 위해 마을 공동체 단위로

협력하여 운영된 형태였다. 당시에는 국가 차원의 공적 개입이 이루어지지 않았고, 유아에 대한 접근은 교육보다는 생리적 보호에 초점을 맞춘 방식이 일반적이었다.

1972년 경기도 수원

출처: 농촌여성신문(https://www.rwn.co.kr)

(2) 1960~1970년대: 산업화에 따른 보육 수요 증가와 새마을유아원의 등장

1960년대 이후 산업화와 도시화가 확산되면서 여성의 경제활동 참여가 촉진되었고, 이에 따라 돌봄과 보육에 대한 사회적 수요가 증가하게 되었다. 이러한 변화에 대응하여 1961년에는 「사회복지사업법」이 제정되었으며, 이 시기를 기점으로 보육이 사회복지정책의 일부로 포함되기 시작하였다. 당시를 대표하는 기관은 '새마을유아원'으로, 1970년대 새마을운동의 일환으로 설립되어 농촌지역의 영유아를 대상으로 보육 서비스를 제공하였다. 새마을유아원은 기초생활 지원, 급식, 안전보호 등 돌봄 기능을 수행하였고, 공교육 이전 단계에서 일정 부분 사회화 기능도 함께 담당한 것으로 나타난다.

국무총리 새마을유아원 방문(1981년)

출처: e영상역사관(https://www.ehistory.go.kr)

(3) 1980~1990년대: 보육의 제도화와 놀이방, 공부방, 직장어린이집의 확대

1980년대 들어 어린이집 운영지침이 마련되었고, 1991년 「영유아보육법」이 제정되면서 보육은 국가가 책임지는 제도적 실천으로 정립되었다. 즉, 「영유아보육법」에서 '탁아'를 '보육'으로 용어를 전환하며 보육의 개념을 '보호와 교육의 통합적 서비스 개념'으로 정의하고 이를 법제화하여 보육과 돌봄이 복합적인 구조로 발전할 수 있도록 하였다(송치숙, 2020; 조복희 외, 2013). 이에 따라 공적 보육시설이 확산되었고, 직장 내 여성 근로자를 위한 '직장어린이집' 설립이 장려되었다. 한편, 비제도권 민간 영역에서는 '놀이방'과 '공부방'이 등장하여 영세 사업자 중심의 저비용 보육 서비스를 제공하였다. 이러한 시설들은 제도권 보육의 사각지대를 보완하는 기능을 하였으나, 실 관리에 한계를 드러내었다. 이 시기의 돌봄 개념은 주로 저소득층 지원이나 한부모가정을 중심으로 한 보호 행위로 인식되었으며, 교육과의 통합적 인식은 아직 미약한 수준에 머물렀다.

(4) 2000년대 초반: 복지차원의 에듀케어 개념 도입과 지역아동센터의 제도화

2000년대 초반 보육은 '에듀케어(educare)' 개념을 통해 교육과 돌봄을 통합한 서비스로 재정의되었으며, 무상보육 확대와 함께 공공 보육기관 확충이 본격화되었다. 이 시기에는 '국공립어린이집' 확대가 정책 우선순위로 설정되었고, 민간어린이집과의 운영 격차를 해소하기 위한 다양한 질 관리 방안이 도입되었다. 돌봄 영역에서는 방과후 취약계층 아동을 대상으로 하는 '지역아동센터'가 아동복지시설로 제도화되었으며, 이는 단순 보호에서 정서적 지원과 학습보조 기능을 포함하는 복합형 돌봄기관으로 발전하였다.

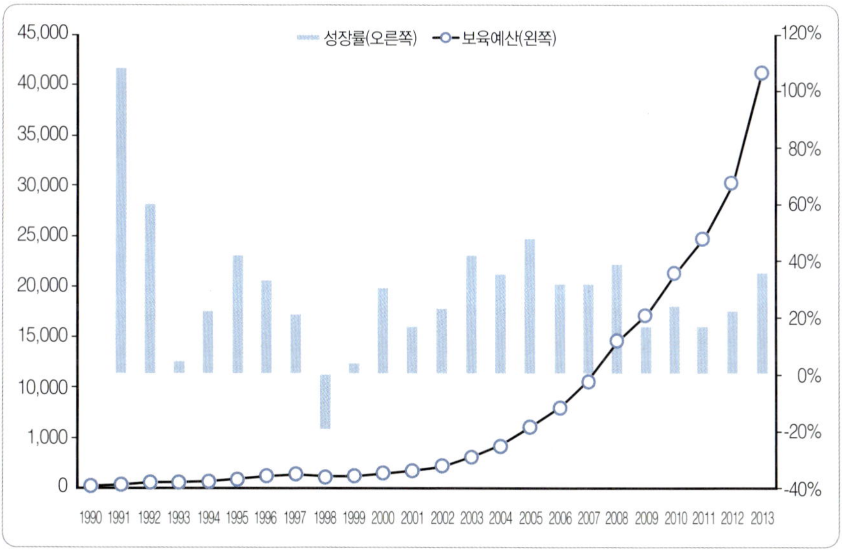

그림 2-1 보육예산의 추이 및 성장률

출처: 한국개발연구원(2013). p.15의 표를 저자가 재구성, 2013년 예산은 2014년 보육사업예상에서 발췌(부록, p.175).

(5) 2007~2013년: 민간시장 중심 정책과 바우처 기반 돌봄의 확산

이 시기에는 '아이돌봄지원사업', '양육수당', '시간제 보육', '바우처제도' 등이 확대되면서, 돌봄의 사회적 안전망으로서의 기능이 다시 주목받았다. 2007년 제정된 「아이돌봄지원법」을 통해 부모의 야근, 출장, 질병 등으로 인한 양육 공백을 국가가 보완하는 시스템이 구축되기 시작하였다. 이는 돌봄을 단순한 사적 책임에서 공공의 영역으로 이행하는 중요한 근거가 되었다(유해미 외, 2021; 여성가족부, 2021). 그럼에도 불구하고 민간이 주도하는 보육·돌봄 서비스도 빠르게 확산되었지만, 이와 함께 서비스의 질 관리 미흡과 공공성 확보의 한계에 대한 비판이 본격적으로 제기되었다. 이러한 상황 속에서 돌봄 영역은 유아기 돌봄과 초등 방과 후 돌봄을 분리하여 접근하기 시작했으며, 이와 같은 분절적 구조는 아동의 일상 생활 흐름을 단절시키는 문제로 이어졌다고 할 수 있다. '방과후교실'은 당시 초등학생을 위한 대표적인 돌봄 서비스로 정착하였고, 취미 활동, 예체능 프로그램, 학습 지원, 안전 관리 등의 기능을 통합적으로 수행하는 복합형 공간으로 기능하였다.

표 2-2 설립주체별 어린이집 시설 및 이용 현황 (단위: 명, %)

구분		계	국·공립	법인	민간	부모협동	가정	직장
시설 수	개소	33,499	1,826	1,458	14,275	65	15,525	350
	(비율)	100.0	5.5	4.4	42.6	0.2	46.3	1.0
아동 수	정원	1,429,105	141,353	144,158	849,078	1,908	269,482	23,126
	(비율)	100.0	9.9	10.1	59.4	0.1	18.9	1.6
	현원	1,135,502	123,405	113,894	669,465	1,491	210,438	16,809
	(비율)	100.0	10.9	10.0	59.0	0.1	18.5	1.5
	이용률	79.5	87.3	79.0	78.8	78.1	78.1	72.7
직원 수	인원	191,103	17,853	16,572	97,964	331	55,169	3,214
	(비율)	100.0	9.3	8.7	51.3	0.2	28.9	1.7

출처: 보육통계(2008).

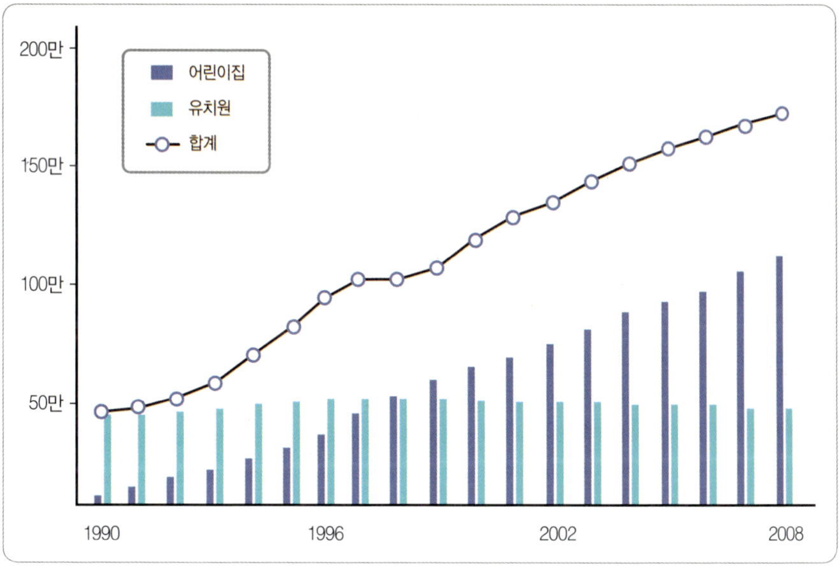

그림 2-2 연도별 시설이용 아동 증가 추이

출처: 보육통계(2008).

(6) 2013~2017년: 보육과 돌봄의 질 중심 재편과 맞춤형 서비스 재구조화 노력

박근혜 정부 시기에는 보육과 돌봄의 공공성을 강화하기 위한 맞춤형 정책이 추진되었다. 보육 영역에서는 '맞춤형 보육'과 '연장형 보육'이 도입되었고, 어린이집 이용 시간과 부모의 근무 시간에 따라 유연하게 서비스를 제공할 수 있도록 설계되었다. 아울러 민간 어린이집의 질을 관리하고 국공립 전환을 확대하는 방안도 함께 논의되었다. 돌봄 영역에서는 방과후 돌봄의 질 향상과 돌봄 인력의 전문성 강화를 주요 과제로 설정하였다. 일부 지방자치단체에서는 '학교돌봄터' 개념을 시범적으로 도입하였고, 지역사회와 학교 간 협력 모델을 구축하면서 지역 수요를 반영하려는 정책적 시도가 이루어졌다.

(7) 2017~2021년: 초등으로의 돌봄개념 확대와 지역돌봄을 통한 돌봄체계 본격화

문재인 정부는 '포용국가' 기조 아래 돌봄을 사회적 권리로 제도화하였으며, 초등학생 대상의 돌봄서비스를 통합적으로 제공하기 위해 '함께자람센터' 구축을 본격적으로 추진하였다. 이 센터는 지역 단위의 통합 돌봄 거점으로 기능하며, 방과후 돌봄과 지역 자원 연계를 통합하여 제공하였다. 보육 부문에서는 무상보육을 전면화하였고, 유보통합을 위한 제도적 기반 마련이 '개정 누리과정' 발표와 함께 주요 정책 방향으로 설정되었다. 또한 국공립어린이집을 확충하고, 교사 처우를 개선하며, 통합적 질 관리 체계를 구축하는 정책이 병행되었다. 돌봄과 보육 간 연계에 대한 논의가 확대되면서, 이들 개념에 대한 재개념화가 이루어졌다. 이뿐 아니라 박혜준, 이재림, 이보람(2018)은 서울지역 돌봄 정책 및 서비스 실태와 개선방안에 관한 연구를 통해 지역 돌봄 서비스의 실천을 위한 정책 인프라를 주장하기도 하였으나 이후 팬데믹 상황 속에서 돌봄의 공공성과 대응력이 시험되면서 '긴급돌봄서비스'와 연장보육, 감염병 대응체계 등이 각 부처별로 더 강조되는 돌봄의 양상이 나타났다. 2020년부터 시행된 '맞춤형 보육지원체계'는 16시~19시 30분의 연장보육제 도입으로 서비스의 유연성을 강화하였다(보건복지부, 2020; 유해미 외, 2021).

(8) 2021년 이후: 정부주도적인 늘봄학교 도입과 통합보육체계에 대한 시도

최근에는 정부주도하에 초등 돌봄과 초등방과후 활동의 통합을 목표로 '늘봄학교'가 도입되었으며, 이는 유아기부터 초등기까지의 생활기반 돌봄체계를 연속성 있게 연결하기 위한 시도로 볼 수 있다. 그리고 늘봄학교는 이전 돌봄체계보다 교육의 기능과 역할을 강화시킨 돌봄으로서 창의적 활동, 심리정서 지원, 학습 보조를 포괄하는 다기능 복합 서비스로 설계되었다. 또한 3~5세 통합 교육과정이 운영되면서 점차 유보통합을 위한 행정체계 정비와 내용 통합에 대한 시도가 이전보다 더 강화된 듯 보였으며 어린이집과 유치원의 통합적 기준 마련을 위해 민관학이 모두의 의견을 모으기 위한 다양한 노력 등을 진행하고 있다. 따라서 점차 교육, 보육과 돌봄 모두 '보편성', '공공성', '통합성', '형평성' 등을 중심으로 한 제도 구조 재설계가 진행되고 있다고 볼 수 있다.

2) 보육과 돌봄 시설 및 서비스 유형별 분석

보육과 돌봄 전달체계는 점차 복합화되어, 다양한 기관 및 시설이 상호 연계된 구조로 발전하고 있다. 보육시설의 경우, 2006년 '표준보육과정' 도입과 함께 시설운영위원회 제도화, 새싹플랜(2006~2010), 아이사랑플랜(2009~2012) 등을 통해 질적 향상을 위한 공공 기반을 확장해 왔다. 특히 정부는 교육부, 보건복지부, 여성가족부, 행정안전부 등 관계부처 간의 협업을 통해 중앙-광역-기초 자치단위에 '돌봄협의회' 체계를 구축하기도 하고, 지역단위 돌봄 운영계획 수립 및 평가까지를 통합 관리하는 구조를 형성하고 있다. 보육과 돌봄 전달체계는 점차 복합화되어, 다양한 기관 및 시설이 상호 연계된 구조로 발전하고 있다. 특히 정부는 교육부, 보건복지부, 여성가족부, 행정안전부 등 관계부처 간의 협업을 통해 중앙-광역-기초 자치단위에 '돌봄협의회' 체계를 구축하고, 지역단위 돌봄 운영계획 수립 및 평가까지를 통합 관리하는 구조를 형성하였다(황준성 외, 2018).

다음은 영유아, 초등 관련 보육과 돌봄을 담당했던 시설 및 서비스 유형을 중심으로 교육, 보육, 돌봄의 의미를 정리하면 다음과 같다.

(1) 어린이집

어린이집은 보육교사를 중심으로 종일 보육을 제공하는 대표적인 돌봄 기관으로서, 보호와 양육, 발달 자극이 통합된 형태의 서비스를 제공한다. 이곳에서 이루어지는 돌봄은 영유아의 생리적 욕구 충족, 정서적 안정, 안전한 생활환경 제공을 중심으로 하며, 이는 돌봄이 단순한 보호를 넘어 아동의 삶을 유지하는 기초적 기반임을 보여준다. 동시에 어린이집의 교육은 계획된 놀이 중심 활동을 통해 이루어지며, 이는 아동의 잠재 가능성을 끌어내는 '돌봄 있는 교육(caring education)'으로 실현된다. 현재 우리나라의 어린이집은 국공립, 민간, 직장, 부모협동, 법인, 가정 어린이집 등 운영 주체별로 다양하게 운영되며, 기관의 성격에 따라 보육과 돌봄 기능에 차이가 발생할 수 있다.

(2) 유치원

유치원은 오전에는 국가 교육과정에 기반한 유아교육을, 오후에는 방과후 과정을 운영하는 소위 돌봄이 중심이 되는 교육과정을 운영하여 이원화된 구조를 지니고 있다. 정규 교육과정에서의 교육은 학습 내용 전달 중심이 아니라 유아의 놀이를 통해 발달을 지원하는 방향으로 구성되며, 이는 유아기 교육의 고유한 특성을 반영한다. 반면 방과후 과정은 부모의 양육 공백을 보완하기 위한 돌봄 기능이 강조되며, 간식 제공과 자유놀이 시간 등을 통해 정서적 안정과 일상생활의 연속성을 보장하려는 노력을 포함한다. 이러한 보육 및 돌봄은 과거에는 '종일반'으로 불렸으나, 최근에는 '에듀케어'라는 명칭으로 불리며 교육적 의미를 더욱 강조한다. 그러나 이러한 명칭의 변화에도 불구하고, 유치원 내 교육, 보육, 돌봄은 여전히 상호 단절된 형태로 운영되는 경향이 강하다. 이로 인해 오전반 교사와 오후반

에듀케어 교사 간의 협력과 소통에 어려움이 발생하며, 연계된 교육 실현에 많은 한계가 지적된다. 따라서 유치원에서는 교육, 보육, 돌봄의 경험이 연속되는 단일한 흐름이 아니라, 시간적으로 분절된 격자 구조 속에서 운영된다고 할 수 있다.

(3) 아이돌보미

아이돌보미 서비스는 가정 내에서 영유아의 보호를 제공하는 대표적인 가정방문형 돌봄 서비스로서, 돌봄은 보호자의 부재를 대신하여 아동의 기본적인 생활 관리, 정서적 교감, 안전한 환경 조성을 포함하는 대리 양육으로 작동한다. 교육은 형식화되어 있지 않지만, 아이돌보미와 아동 간의 상호작용을 통해 언어 자극, 사회적 반응성 증진 등 비형식적 학습이 일상 속에서 자연스럽게 이루어진다. 이러한 구조는 교육이 교과나 형식에 한정되지 않고, 돌봄의 실천 속에 내재된다는 점을 보여준다.

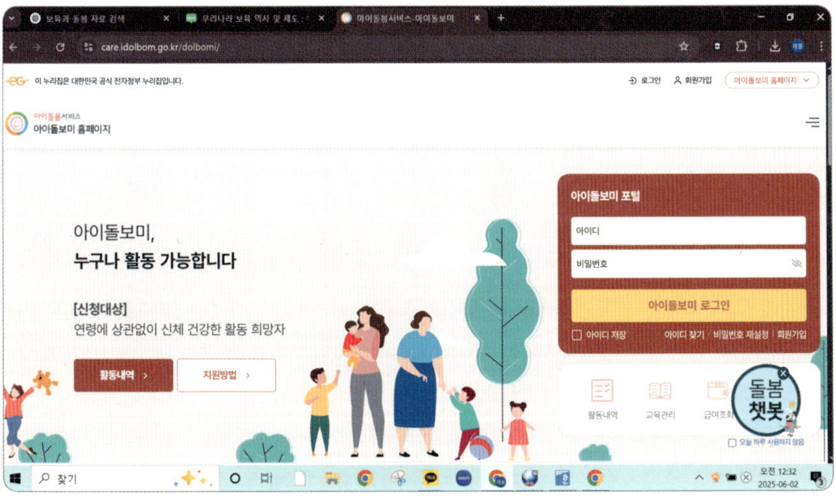

그림 2-3 아이돌봄 서비스 홈페이지

출처: 아이돌봄 서비스 홈페이지 https://care.idolbom.go.kr/dolbomi

(4) 초등돌봄교실

초등돌봄교실은 정규 수업 종료 후 학교 내에서 운영되며, 아동의 안전한 보호와 일상생활의 연속성을 보장하기 위한 공적 공간으로 자리매김하고 있다. 돌봄은 귀가지도, 급식 제공, 놀이 지도 등의 활동을 포함하여 아동이 가정과 같은 안정감을 느낄 수 있도록 하는 데 중점을 두며, 이는 정서적 안정과 사회적 관계 형성에 중요한 기반이 된다. 교육은 숙제 지도, 독서활동, 기본 생활습관 형성 등을 중심으로 이루어지며, 이는 공식 교육과정의 연장선이 아니라, 아동의 생활과 밀착된 학습을 통해 '생활 속 교육'을 실현하는 방식으로 이해할 수 있다. 이 과정은 돌봄과 교육이 분리되어 작동하는 것이 아니라, 활동의 목적과 아동의 요구에 따라 상호 유기적으로 연결되는 구조로 운영된다.

그림 2-4 초등돌봄교실 장면

출처: 정책 브리핑 https://www.korea.kr/news/reporterView.do?newsId=148855341

(5) 지역아동센터

지역아동센터는 취약계층 아동을 위한 보호 및 교육을 병행하는 대표적인 지역 기반 돌봄시설로서, 학교와 가정 사이의 사각지대를 메우는 역할을 수행한다. 돌봄은 아동의 정서적 지지와 안전한 일상환경을 제공하는 데 중점을 두며, 급식 제공, 귀가 동행 등의 생활지원을 포함한다. 교육은 숙제 지도, 기초학습, 문화체험 등의 활동을 통해 공교육의 한계를 보완하고, 아동의 균형 있는 성장과 발달을 도모한다. 돌봄과 교육이 하나의 체계 내에서 함께 구현되는 구조는 통합적 돌봄교육 모델의 가능성을 제시한다.

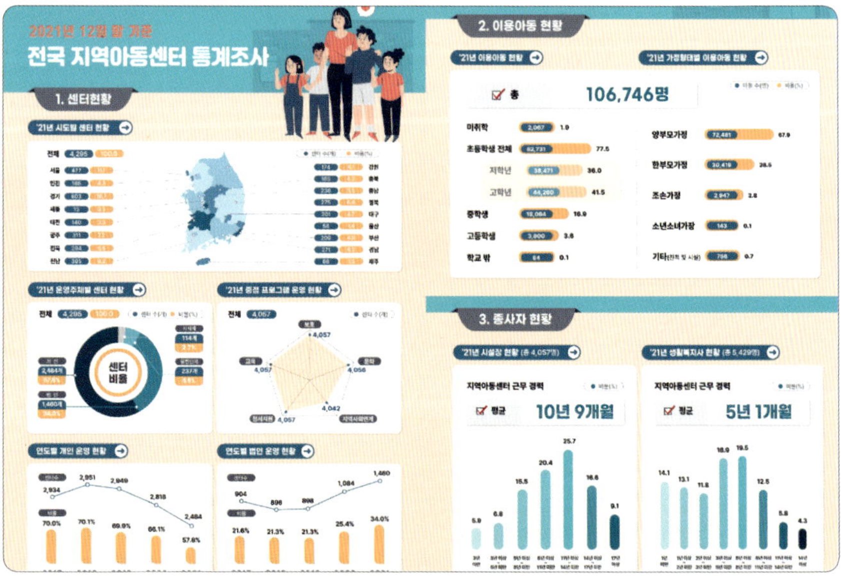

그림 2-5 전국지역아동센터 통계조사

출처: 보건복지부, 아동권리보장원(2021년) 전국지역아동센터 통계조사 보고서.
https://www.icareinfo.go.kr/info/research

(6) 시간제 보육 및 가정양육

시간제 보육과 혈연, 비혈연 가정양육은 부모의 유동적인 근무환경이나 돌봄 공백 상황에 대비한 유연한 서비스로서, 아동의 생애주기적 요구에 따라 탄력적으로 제공된다. 이러한 서비스는 비정기적으로 발생하는 돌봄 상황에서 긴급히 활용되는 경우가 많아, 일시적 보호를 중심으로 이해되는 경향이 있으며, 체계적인 질 관리를 수행하기 어려운 보육 및 돌봄 유형으로 분류된다. 제도적 형식으로는 그 의미가 상대적으로 약하지만, 돌봄과 교육이 가정과 아동의 일상 속에 깊이 밀접하게 작동하는 서비스 유형으로 해석할 수 있다.

(7) 늘봄학교

최근 교육부는 돌봄과 교육의 통합을 제도적으로 실현하기 위한 새로운 정책 모델로 '늘봄학교'를 도입하여 운영하고 있다. 늘봄학교는 초등학생을 대상으로 정규 수업 외 시간에 다양한 교육 · 돌봄 서비스를 통합하여 제공하는 체제로, 학교가 아동의 일상과 삶의 중심 공간이 될 수 있도록 운영체계를 정비하고 있다(교육부, 2024; 정책브리핑, 2022). 이 제도는 정규교육, 방과후 프로그램, 초등돌봄교실, 저녁돌봄, 방학 중 프로그램 등을 하나의 시스템으로 연계하여 운영함으로써 아동의 삶의 연속성과 안정성을 보장하고자 하나, 아직까지는 제도의 정착이 명확하게 이루어지지 않은 상태이다. 그러나 한 가지 분명한 점은, 늘봄학교가 단순한 돌봄의 연장이나 사교육 대체가 아니라 '돌봄이 있는 교육'이라는 통합적 관점에서 아동의 전인적 발달을 지향하며, 전국 모든 초등학교에 도입될 교육복지 제도로 설계되었다는 점이다. 따라서 늘봄학교가 교육, 보육, 돌봄의 통합체계로 기능하기 위해서는 영유아 보육 및 돌봄체계와의 연계 방안을 마련하고, 돌봄의 공공성과 교육의 확장성을 동시에 실현하려는 노력을 반드시 이행해야 한다.

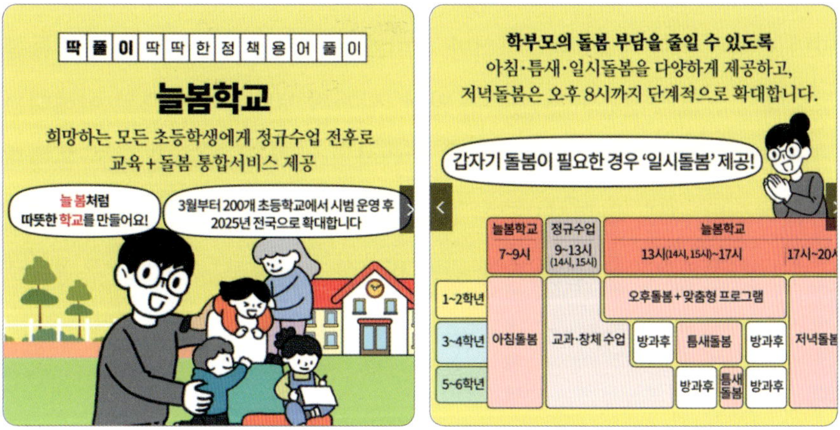

그림 2-6 문화체육관광부 국민소통실(2023. 02. 06)

출처: 대한민국 정책 브리핑(https://www.korea.kr/multi/visualNewsView.do?newsId=148911300)

3) 우리나라 보육과 돌봄의 향후 방향

이상에서 살펴본 바와 같이, 우리 사회에서 보육과 돌봄의 개념이 서로 다른 제도적 경로를 따라 발전해 왔으며, 두 개념 모두 시대적 변화에 따라 실천의 내용과 의미가 확장되어 왔음을 확인하였다. 한국 사회에서 보육과 돌봄 개념이 등장한 초기에는, 두 개념 모두 여성의 사적 책임에 기반한 비공식적 활동으로 간주되었으며, 사회적 제도나 정책의 범주에서 본격적으로 다루어지지 않았다. 특히, 돌봄은 유아의 생존을 위한 기초적 보호와 양육 중심의 행위로 축소되어 이해되는 경향이 강했으며, 보육 역시 가정 내에서 여성에 의해 수행되는 사적 양육 행위를 보조하거나 지원하는 수준으로 인식되었다.

이후 산업화의 진전과 함께 여성의 경제활동 참여가 확대되면서, 보육은 국가의 복지정책 차원에서 제도화되기 시작하였고, 돌봄보다 먼저 공공정책의 주요 영역으로 부상하게 되었다. 보육은 초기에는 생리적 보호와 기본적인 양육 기능에 초점을 맞추었으나, 점차 아동의 발달을 자극하고 사회적 참여를 지원하는 방향으로 그 기능이 확대되었고, 일상적 교육 실천 요소를 포함하는 복합적 서비스로 전환되었다. 이에 따라 한국 사회에서 보육은 점차 단순한 보호 개념을 넘어, 아동의 전인적 발달과 삶의 질을 고려하는 통합적 교육 서비스로 발전하였으며, 시간이 흐를수록 유아교육과 유사한 개념으로 인식되기에 이르렀다. 이와 같은 변화는 오늘날 통용되고 있는 '유치원교육과정'과 '어린이집보육과정'의 명확한 구분이 과연 필요한지에 대한 의구심을 갖게 되는 배경이 되고 있다. 돌봄은 보육에 비해 상대적으로 늦게 정책 담론에 편입되었으나, 최근 들어서 영유아의 전인적 발달을 지원하기 위한 핵심 요소로 돌봄의 개념이 주목받고 있다. 특히, 정서적 관계 형성, 응답성, 윤리성 등 돌봄 고유의 실천적 가치가 강조되면서, 돌봄은 단순한 수동적 보호 행위가 아닌 아동의 정서적 안정과 사회적 관계 역량을 증진시키는 능동적이며 사회적으로 조직된 실천으로 재인식되고 있다. 이러한 변화는 다양한 정책과 교육과정 속에서 돌봄의 중요성이 점차 확대되고 있는 현재의 추세를 잘 보여준다.

이처럼 보육과 돌봄은 각기 상이한 제도적 기반과 정책 목표, 실천 방식을 통해 발전해 왔으나, 오늘날에는 모두 영유아의 전인적 발달과 삶의 질 향상을 위한 공공적 책임이라는 공동의 목적을 지향하고 있다는 점에서 교육, 보육, 돌봄의 상호 보완적 연계가 필수적이라 할 수 있다. 그러나 이러한 연계성을 제도적으로 실현하기 위한 구조는 여전히 미비한 실정이다. 교육은 교육부, 보육은 보건복지부, 돌봄은 여성가족부 또는 지방자치단체 등 각기 다른 행정부처에 의해 분절적으로 관리되고 있는 행정체계의 다원화가 대표적으로 제도적 통합을 저해하는 구조적 한계로 작용하고 있다. 이러한 구조적 한계는 전문인력의 자격분리, 기관 관리 행정과 예산 낭비,

가족지원 체계의 단절 등 다양한 문제를 야기하고 있으며, 이는 유아의 발달 연속성과 교육적 일관성을 저해하는 주요 요인으로 지적받고 있다. 특히 누리과정이 개정되면서 교육과 보육 과정에서 '놀이 중심', '정서적 안정', '일상 기반 배움' 등의 개념이 강조되면서 교육과 돌봄개념의 통합이 시작되었고, 돌봄은 교육의 외부 요소가 아닌 교육의 출발점이자 영유아교육의 핵심 기초로 이해되고 있다. 그래서 영유아 교사는 교육계획을 짜고 수행하는 단순한 교육자를 뛰어넘는 영유아의 삶 전체를 돌보는 정서적 지지자이자 배움의 동반자로서, 교육과 보호, 돌봄을 동시에 실천하는 존재로 재정의되어야 한다. 이는 곧 유아교육, 보육, 돌봄이 분리된 실천이 아닌 통합된 경험으로 구성되어야 함을 의미하며, 기존의 개념 구분을 재정립할 필요성을 제기하게 된다. 다시 말해 우리나라 만 0~5세를 대상으로 하는 기관에서 이루어지는 행위를 총칭하는 개념이 새롭게 정의될 필요가 있다.

다음은 미래사회를 대비한 '새로운 통합개념'을 도출하기 위해 고려해야 할 여섯 가지 기준을 정리한 것이다(이방실, 권정윤, 2025). 이러한 통합기준에 근거한 체계적이고 심층적인 검토 과정을 통해 유아교육, 보육, 돌봄의 본질적 의미를 포괄하는 통합적 개념이 재정립되어야 할 것이다.

첫째, 정부 정책과 법 · 제도 측면의 통합 기준은 유아교육, 보육, 돌봄은 각각 상이한 법적 근거와 행정 주체 아래 제도화되어 왔으며, 이로 인해 실천 현장에서는 기능의 중복, 자격기준의 이원화, 정책 집행의 비효율성과 같은 구조적 혼선이 발생하고 있다. 최근의 유보통합 실행계획은 이러한 제도적 이중성을 해소하고자 교사 자격체계의 일원화, 교육 · 보육과정의 연계, 시설 및 평가 기준의 표준화를 전략으로 제시하고 있으며, 이는 제도적 분화에도 불구하고 교육 · 보육 · 돌봄의 법적 · 정책적 통합 가능성이 현실적으로 가능함을 시사한다.

둘째, 가족 지원요구 측면의 통합 기준은 영유아를 양육하는 다양한 가족들이 시간적 유연성, 정서적 지지, 문화적 수용성, 경제적 접근성을 동시에 요구함에 따라, 기존의 분절된 정책 구조로는 이들의 복합적 욕구에 효과적으로 대응하기 어렵다는 점에서 개념 통합의 필요성이 제기된다. 특히 저소득층, 다문화, 한부모, 조부모 가정 등의 특수한 요구는 교육 · 보육 · 돌봄을 유기적으로 통합한 실천 개념을 필요로 하며, '늘봄학교', '방과후 돌봄', '에듀케어' 등은 이러한 요구에 대응하는 통합적 정책 기획의 한 형태로 이해될 수 있다.

셋째, 전문가 양성체계 측면의 통합 기준은 현재 유아교사, 보육교사, 아이돌보미로 구분된 현재의 전문가 양성체계는 제도적으로 다원화되어 있으나, 실제 현장에서는 정서적 돌봄, 발달 자극, 놀이 중심 교육을 공통적으로 수행해야 하는 직무가 유사해져 가는 현상이 일어나고 있어 이들 전문가 양성과정이 통합될 필요가 있다. 따라서 교육, 돌봄, 놀이 역량을 포괄하는 통합적 교사 양성체계가 마련되어야 하며, 국가 수준의 자격 기준 통합, 공동 실습 운영, 보수교육 체계화를 통해 자격의 호환성과 실천의 일관성을 확보할 수 있을 것이다.

넷째, 영유아교육기관 측면의 통합 기준은 기존의 기관인 유치원, 어린이집, 초등 돌봄교실, 공동육아나눔터 등이 통합되어야 함을 의미한다. 각각 다른 행정 부처 소속, 설립 목적, 운영 기준을 갖고 동일한 연령의 유아에게 유사한 교육과 보육, 돌봄 서비스를 제공하고 있어 서비스 중복, 예산 낭비, 교사 정체성 혼란 등의 문제가 발생하고 있다. 이러한 혼선을 해소하기 위해서는 기관 유형을 아우르는 '통합 유아빌딩지원기관' 모델로의 전환이 필요하며, 법령, 평가, 운영 기준의 일원화를 통해 실질적인 제도 통합을 이루어야 한다.

다섯째, 발달심리학적 특성 측면의 통합 기준으로 영유아의 전인적 발달을 위해 교육, 돌봄, 보호가 상호의존적으로 통합되어야 함을 강조한다. 피아제, 비고츠키, 에릭슨 등의 이론은 정서적 안정과 신뢰 형성이 인지발달과 사회성 발달의 기반이 되며, 이러한 정서적 돌봄은 교육 실천의 필수 요소임을 설명한다. 따라서 발달 중심의 교육은 돌봄이 선행된 환경에서만 실현될 수 있으며, 이는 교육 · 보육 · 돌봄의 통합적 개념 정의를 정당화하는 이론적 근거가 된다.

여섯째, 영유아기 삶의 질 관점에서의 통합 기준은 영유아의 기관경험은 그들의 놀 권리가 보장되고, 집이 아니어도 편안한 정서적 안정을 느껴야 하며, 부모와 가족이 없어도 따뜻한 인관관계의 질이 보장되며, 쉼과 휴식이 보장되는 경험이 되어야 한다. 자칫 기관경험에서 교육만 강조되거나 돌봄만 강조되는 환경은 모두 영유아의 전인적 성장에 방해되는 효과를 초래한다. 특히 조기 사교육과 과중한 부모노동은 영유아 삶의 질을 위협하는 요인으로 작용하여 한국 영유아의 낮은 행복지수와 직결되기 쉽다. 이에 따라 유아교육기관은 교육, 보육, 돌봄이 통합된 운영을 통해 아동의 삶의 질을 보장하는 역할을 수행해야 하며, 이는 교육적 책무를 넘어 아동 권리 실현의 문제로 접근되어야 한다.

결론적으로 미래사회에서는 유아교육, 보육, 돌봄개념이 상호 배타적이거나 위계적인 개념이 아니라, 유아 발달을 지원하는 통합적 실천 체계로서 재정의되어야 한다. 이를 위해서는 '통합유아교육(Integrated Early Childhood Education)'이라는 새로운 개념을 도입하여, 교육과 보육, 돌봄의 본질적 요소를 유기적으로 연결하고, 유아의 삶을 중심으로 한 실천 구조를 구축해야 한다. 이 개념은 행정적 조정의 차원을 넘어, 교육학적 · 철학적 기초 위에 설계되어야 하며, 이는 향후 유보통합 정책의 지속 가능성과 실천 가능성을 높이는 핵심 토대가 될 것이다.

참고문헌

교육부 (2024). [보도자료] (2024년 6월 27일) **국민이 믿고 편안히 아이를 맡길 수 있도록 유보통합 실행계획 마련**. https://www.korea.kr/briefing/press 2025년 5월 30일 인출.

______ (2024). [보도자료] (2024년 2월 21일). **2024년 늘봄학교 추진방안 발표 자료**. 대한민국 정책브리핑. https://www.korea.kr/news/press 2025년 5월 28일 인출.

국립국어원 (2023). **표준국어대사전**. https://stdict.korean.go.kr 2025년 5월 22일 인출.

권혜진 (2024). 영유아 교육과정에 내포된 돌봄과 교육의 통합에 대한 탐구. **구성주의유아교육연구, 11**(3), 121-147. https://doi.org/10.23197/scece.2024.11.3.005

김대웅, 박윤현 (2023). 토픽 모델링를 활용한 '유보통합' 뉴스기사 동향 분석. **열린유아교육연구, 28**(3), 297-313.

김미진, 서보순 (2025). 영유아교사의 돌봄에 대한 개념도 연구. **교육혁신연구, 35**(10), 1-33. http://dx.doi.org/10.21024/pnuedi.35.1.202503.1

김병인 (2020). 저소득층 엄마를 '활성화'하라 : '아동' 중심의 사회투자적 관점에서 본 한국의 반빈곤정책과 보육정책. **비판사회정책, 69**, 7-33. https://doi.org/10.47042/ACSW.2020.11.69.7

김지현, 양옥승 (2009). 어린이집에서 영아 보육이 지니는 의미: 보살핌과 가르침. **유아교육연구, 29**(2), 163-189. https://doi.org/10.18023/kjece.2009.29.2.008

김혜민, 임성환, 박병식 (2016). 무상보육정책의 만족도 분석과 개선방안: 도 · 농, 기관유형, 영 · 유아의 보육여건을 중심으로: 도 · 농, 기관유형, 영 · 유아의 보육여건을 중심으로. **한국행정논집, 28**(3), 465-489.

농촌여성신문 (2009.02.09). **"애들아! 탁아소 가자"**. https://www.rwn.co.kr 2025년 6월 7일 인출.

뉴스클레임 (2023.12.29). **독박 돌봄의 늪, 커지는 유치원 에듀케어강사 고통**. https://www.newsclaim.co.kr 2025년 7월 31일 인출.

문무경, 양미선, 송기창, 김문정 (2021). **2022-2027 유아교육, 보육 중장기 발전방안 연구(연구보고 2021-10)**. 육아정책연구소.

박영아 (2010). 다문화가정 어머니의 양육경험과 보육교사의 보육경험 실태. **유아교육연구, 30**(1), 197-223.

박혜준, 이재림, 이보람 (2018). **서울지역 돌봄 정책 및 서비스 실태와 개선방안에 관

한 연구. 2017 서울가족특성화과제 연구보고서. 건강가정지원센터.

베이비뉴스 (2025.04.22.). **"유보통합의 핵심 쟁점...법인형 영유아학교의 바람직한 방향은?"** https://www.ibabynews.com/news 2025년 7월 24일 인출.

보건복지부 (2015). **보육정책 백서**. https://www.mohw.go.kr 2025년 6월 7일 인출.

________ (2020). **2020년 보육지원체계 개편 자료**. 보건복지부.

법제처 (2021). **영유아보육법 시행령, 시행규칙**. https://www.law.go.kr 2025년 6월 7일 인출.

서울신문 (2023.04.11). **워킹맘도 맘 편하게 … '유치원 오전 8시 등원' 내년 시범 운영** https://www.seoul.co.kr 2025년 6월 7일 인출.

송치숙 (2020). **역사적 관점에서 본 유보통합의 동향과 과제**. 동국대학교 대학원 박사학위논문.

아동권리보장원, 보건복지부 (2021). **2021년 12월 말 기준 전국 지역아동센터 통계조사 보고서**. https://www.icareinfo.go.kr/info/research 2025년 6월 7일 인출.

아이돌봄 홈페이지 (2025). **아이돌봄서비스**. https://care.idolbom.go.kr/dolbomi 2025년 6월 7일 인출.

양유진 (2024). 메타포 분석을 통한 예비유아교사의 '돌봄'에 대한 인식. **영유아교육보육연구, 17**(2), 49-73. https://doi.org/10.47676/kjeec.2024.17.2.49

여성가족부 (2021). **아이돌봄지원사업 운영지침**. https://www.law.go.kr 2025년 5월 29일 인출.

유해미, 박진아, 엄지원 (2021). **영유아 보육·교육기관과 아이돌봄서비스의 효율적 연계방안 연구**(연구보고 2021-14). 육아정책연구소.

이동윤 (2019). 나딩스 교육론의 사상적 배경에 관한 연구. **교육연구논총, 40**(3), 83-101. https://doi.org/10.18612/cnujes.2019.40.3.83

이방실, 권정윤 (2025). 우리나라 유아교육, 보육, 돌봄의 개념에 대한 고찰-통합의 관점을 중심으로. **유아교육연구, 45**(4), 537-566. https://dx.doi.org/10.18023/kjece.2025.45.4.021

이은주 (2025). 3세 유아반에서의 돌봄의 의미에 대한 포토에세이 탐구: 포스트휴머니즘의 관점에서. **영유아교육과정연구, 15**(1), 1-29. http://dx.doi.org/10.26834/ksycbc.2025.15.1.1

임부연 (2023). 유보통합에서 돌봄에 대한 학문적 탐구: '돌봄의 인식론적 전회'를 중심으로. **영유아교육과정연구, 13**(1) 102-128. http://dx.doi.org/10.26834/ksycbc.2023.13.1.102

정선아 (2017). 영유아기와 초등 학령기아동 돌봄서비스 강화 및 질 제고 방안-'돌봄'과 '교육'의 통합 관점에서-. **어린이교육비평, 7**(2), 39-59. http://dx.doi.org/10.26834/kscice.2017.7.2.39

정선아, 박보영 (2023). 0세 영아반 교사의 '돌봄행위'(caring)에서 돌봄통합교육과정 수행성 보기. **생태유아교육연구, 22**(2), 1-30. https://doi.org/10.14698/jkcce.2023.22.2.1

정선아, 안소영, 박보영 (2023). 보육서비스의 질 제고를 위한 어린이집 평가제의 방향 탐색. **영유아교육과정연구, 13**(3), 27-51.

정책브리핑 (2022). **초등돌봄교실 운영 사례**. https://www.korea.kr 2025년 6월 7일 인출.

조복희, 강희경, 김양은, 한유미 (2013). 한국 보육의 역사 및 관련법과 현황. **한국보육지원학회지, 9**(5), 381-405.

황준성, 이희현 (2019). 온종일 돌봄체계 구축을 위한 범정부 공동 수요조사 개선연구. **교육정치학연구, 26**(4), 107-130.

e영상역사관 (1981). **국무총리 새마을유아원 방문**. https://www.ehistory.go.kr 2025년 5월 29일 인출.

Merriam-Webster (2024). Childcare. In Merriam-Webster.com dictionary. https://www.merriam-webster.com/dictionary/childcare

Noddings, N. (2008). 행복과 교육[*Happiness and education*]. (이지현 외 공역). 서울: 학이당. (원본발간일 2003년).

UNESCO (2022). 함께 그려보는 우리의 미래: 교육을 위한 새로운 사회계약[*Reimagining our futures together: a new social contract for education*]. (유네스코한국위원회 역). 서울: 국제미래교육위원회보고서. (원본발간일 2021년).

CHAPTER 3

유보통합과 생애초기 학교의 정체성

아이를 낳고 기르고 가르치는 문제는 여성과 가족의 문제로만 국한되지 않으며, 오늘날에는 국가가 함께 책임져야 할 사회문제로 인식되고 있다. 이러한 맥락에서 유보통합은 0~5세 영유아를 기르고 가르치는 문제를 단순한 교육과 보육의 영역을 넘어, 사회문제의 해결이라는 더 넓은 관점에서 접근하는 통합 정책이라 할 수 있다. 지난 30여 년 동안 유아교육과 보육이 각각 '교육'과 '보육'을 담당해 왔던 기능의 분담에서 나아가 그 기능을 합쳐서 영유아를 중심에 두고 우리 사회에 적합하며 질적으로 우수한 교육과 돌봄을 어떻게 제공할 것인가를 논의하는 것이 유보통합의 본질이다.

정부조직법 개정을 통해 유보통합이 학교체제 내에서 논의되어야 함이 강조되었고, 이는 국가가 출생부터 12세까지의 교육과 돌봄을 책임진다는 책무성 강화를 전제로 하는 정책 방향으로 연결된다. 따라서 유보통합은 향후 0~5세 영유아를 위한 영유아학교의 정체성 형성에도 중대한 영향을 미친다. 0~5세 생애초기 학교인 영유아학교는 1997년 김영삼 정부 대통령자문 교육개혁위원회가 '유아학교' 안을 제안하면서 본격화되었다(최윤경 외, 2016). 최근 유보통합 추진 과정에서 기관 명칭에 대한 다양한 의견도 제기되었다. 유치원이 일제 잔재라는 지적과 함께, 공교육체제로서의 유아교육기관을 '유아학교'로 명명해야 한다는 주장과 보육의 정체성도 통합기관 명칭에 반영해야 한다는 의견이 공존하고 있다(육아정책연구소, 2024).

특히 최근 들어 '영유아학교'라는 개념이 주목받는 것은 유보통합 논의가 단지 행정적 일원화가 아닌, 본질적인 교육기관의 정체성 재정립을 요구하고 있음을 시사한다. 영유아학교는 단순한 명칭의 변화가 아니라, 유아교육과 보육을 분리하지 않고 총체적으로 바라보며, 생애초기부터 학교 정체성을 인정하자는 흐름과 맞닿아 있다. 이는 곧 유보통합이 단지 행정체계나 자격체계의 조정만이 아닌, 미래사회에서 영유아기관이 어떤 교육적 · 사회적 역할을 수행할 것인가에 대한 근본적인 물음을 던지는 것과도 같다. 그러므로 본 장에서는 유보통합의 지난 역사를 돌아보고 유보통합의 개념을 이해하여 생애초기 학교의 정체성과 미래사회와 유아교육을 전망해 보겠다.

1. 우리나라 유보통합의 개념 이해

우리나라의 유보통합은 유아교육과 보육의 이원화로 인한 격차를 해소하고 효율적으로 통합 · 관리함으로써 0~5세 영유아의 발달에 맞는 양질의 서비스를 제공하고, 부모의 기관이용 편의성과 선택권을 보장하기 위한 것이다(장명림, 2013). 또한, 유보통합은 유아교육과 보육의 근거법령과 관장 부처, 교사자격과 양성체계, 신분과 처우, 교육과정, 시설기준 등을 통합함으로써 동일 연령의 영유아에게 일정 수준 이상의 통합 서비스를 제공하고자 하는 정책으로 정의된다(이일주, 2016). 이에 따라 교육부는 유보통합을 "0~5세 모든 영유아가 이용기관에 관계없이 양질의 교육 · 돌봄서비스를 차별 없이 받을 수 있도록 뒷받침해 나가는 교육정책"으로 규정하였다(교육부, 2023:17). 더 나아가 유보통합은 단순한 행정 체계의 일원화를 넘어, 영유아의 권리를 중심으로 한 교육과 돌봄의 통합적 교육체제 구축을 의미한다.

과거 정부들은 유보통합을 지속적인 정책 과제로 다루어 왔고, 2013년 박근혜 정부에서는 '영유아 교육 · 보육 통합추진단'을 설치하고 3년간 8개 목표 과제를 수립하여 강한 추진 의지를 표명하였다. 그 결과, 결제카드 통합과 정보공시 통합이라는 과제를 완료하였고, 유치원과 어린이집 평가 영역 및 기준 통합을 위한 시범사업 추진, 어린이집 미설치 지역의 만 0~2세 영아 보육의 유치원 연계 시범사업, 유치원과 어린이집 시설기준 정비 · 통합방안 모색, 교사자격 및 양성체제 통합방안과 관장 부처 통합방안 정책 연구 등이 진행되었다. 이후 2023년 윤석열 정부에서는 유보통합을 국정과제로 채택하고, '유보통합추진위원회'와 '유보통합추진단'을 설치하여 본격적인 정책 논의가 시작되었다. 같은 해 12월에는 정부조직법 개정을 통해 교육부가 유아교육과 보육을 모두 관장하는 주무 부처로 지정되면서 유보통합 정책은 새로운 전환점을 맞이하였다.

유보통합의 주요 추진목적은 다음 네 가지로 요약된다.

1. 영유아의 발달에 맞는 질 높은 교육과 돌봄 제공의 필요성
2. 부모의 유치원과 어린이집 이용의 불편 해소 및 선택권 보장
3. 유아교육과 보육의 이원화로 인한 정책 추진의 비효율성 및 행·재정 낭비 해소
4. 유아교육과 보육의 질적 차이, 부모 부담 및 재정지원 차이 해소로 공정성 확보

이러한 목표를 실현하기 위해 유보통합은 다음과 같은 구성 요소를 포함한다(이일주, 2016). ① 유아교육과 보육의 주무 부처 및 지방행정기관의 통합, ② 유아교육과 보육의 기관(유치원과 어린이집) 통합, ③ 유아교육과 보육 대상 연령의 통합, ④ 유치원과 어린이집의 교육과정과 보육과정의 통합, ⑤ 유치원교사와 보육교사의 자격 및 양성과정, 신분 및 처우 관련 제도 통합, ⑥ 유아교육과 보육재정의 통합, ⑦ 유아교육 및 보육 지원 · 전달체제 통합, ⑧ 유아교육 및 보육 연구기관 통합, ⑨ 유아교육과 보육 관련 법령의 통합, ⑩ 유아교육과 보육 포털시스템 통합 등이다.

1) 유보통합 이해의 관점

0~5세 유아들을 대상으로 유아교육과 보육의 이원화된 체계를 갖고 있는 우리나라는 행 · 재정적 낭비와 비효율성, 학부모의 기관 선택의 어려움 및 유아교육과 보육의 질적 수준 확보의 어려움이 지적되어 왔다. 이를 해결하기 위해 유보통합 정책과 같은 교육정책은 정치상황과는 상관없이 우

리나라 영유아와 부모들을 위해 추진되어야 한다.

그렇다면 우리나라 영유아들을 위한 유보통합 추진은 어떠한 내용을 중심으로 논의가 이루어져야 하는 것일까? 이에 대해 OECD Starting Strong III 보고서의 내용과 노르웨이의 유보통합 추진에 기초하여 제시된 질문을 통해 살펴볼 수 있다. 슬린데(Slinde, 2012)는 유보통합의 세 가지 논의점을 왜, 무엇을, 어떻게(why, what, how)로 제시하였다. 이를 장명림(2013)은 우리나라 실정에 적합하게 질문을 추가하여 변형하였다. 세 가지 논의점을 살펴보면 다음과 같다.

첫째, WHY, 왜 통합을 해야 하는가? 이는 유보통합의 의미와 목적에 관한 논의사항이다.

논의점 1) 유보통합이 관련 집단에 주는 의미는 무엇인가?
- 유아와 부모에게 주는 의미는 무엇인가?
- 공급자와 교사에게 주는 의미는 무엇인가?

논의점 2) 통합으로 인해 누가 이득을 얻고, 누가 어려움에 직면하게 되는가?

유보통합의 목적과 의미를 명료화하는 것은 유보통합 과정에서 직면하게 되는 난관 해결과 이견 조율에 중요한 기준이 되기 때문에 관련된 모든 사람들이 공유하고 인지하는 것이 중요하다. 또한, 유아교육계와 보육계가 주요 통합 의제마다 이견이 존재하고 있어서 유아의 입장을 가장 중심에 놓고 추진하는 것이 필요하다. 이에 근거하여 본다면 유보통합의 목적은 생애초기 영유아 단계부터 질 높은 보육 및 교육의 기회를 고르게 제공하는 데 있으며, 이는 일차적이며 가장 중요하다고 볼 수 있다. 따라서 영유아와 학부모의 요구와 입장을 최우선으로 고려하여 영유아에게 양질의 통합적 서비스를 제공함과 동시에 거주 지역이나 소득에 관계없이 근거리에서 교육과 돌봄을 제공받도록 부모의 기관 선택의 편의성과 만족도 또한 제고되어야 한다.

나아가 유아교육과 보육 기관 운영자 및 교사에게도 의미있는 유보통합이 될 수 있도록 하기 위해 통합 표준모형 적용, 정부 재정지원에 상응하는 책무성과 규제는 강조하되 운영상 어려움이 없도록 고려할 필요가 있다(장명림, 2013; 지성애 외, 2015). 교사의 전문성과 근무여건 제고 및 처우개선 없이는 영유아를 위한 교육과 돌봄의 질적 수준을 담보하기 어렵기 때문에 세 가지 측면 모두 확보하는 것이 중요하다. 또한 통합으로 관련 집단 간 갈등 해소와 사회 통합이 이루어지도록 노력하는 것이 필요하다.

둘째, WHAT, 무엇을 어느 정도로 통합할 것인가? 이는 유보통합의 요소, 순위, 그리고 수준에 관한 논의사항이다.

논의점 효과적인 추진 순위가 있는가?
- 무엇을 통합의 요소로 결정할 것인가?
- 어떤 요소를 먼저 통합할 것인가?
- 통합의 수준은 어느 정도로 할 것인가?(완전 통합/일원화 또는 부분 통합/통합 내 다양화)

통합의 요소는 정책 목표, 관리 부처 및 행정체계, 재정 및 재원 확보, 관련 법 제정 및 개정, 수업시간 및 운영 기준, 질 관리 및 장학 체계, 교사 자격, 양성 및 처우, 시설 기준 등이 있는데, 통합요소 중 어떤 것을 먼저 통합할 것인지 순위를 결정해야 한다. 각 요소들에 대한 합리적이고 현실적인 모형을 마련하여 시범사업을 통해 검증하고 평가 후 최적의 통합모델을 결정하는 작업이 필요하다. 이러한 요소 중에서 특히 통합에 소요되는 재정 확보 정책 마련이 우선순위화되어야 한다.

유보통합에서 통합의 순위는 유아교육과 보육 현장의 맥락에서 가장 시급히 해결해야 할 측면을 찾고 이를 통합의 우선 순위화하여 추진해야 한다. 그동안 3~5세 누리과정을 통해 교육과정의 통합은 이루었고, 누리과정 재원의 일부는 통합되었기에 2025년 현재 유보통합정책은 통합의 순위와 단계로 교사와 행 · 재정 측면을 우선하여 추진해오고 있다. 통합의 단계와 통합의 수준에 대해서는 다양한 의견들이 존재하나 윤석열 정부의 정책추진 단계에서는 선 부처통합으로 추진하였다. 2023년 12월 정부조직법 개정안의 국회 통과로 교육부가 유보통합의 주무부처가 되도록 하는 법적 근거를 갖게 되었다. 선 부처 통합의 의의는 통합 추진력에 탄력을 갖게 된다는 것이며 부처 통합에 관한 비효율적인 갈등과 논쟁 유발을 차단할 수 있다는데 있다. OECD 관련 연구에서는 국가관리 수준에서의 통합은 보다 질 높은 ECEC(Early Childhood Education and Care)를 제공한다고 강조하였다(Slinde, 2012). 즉, 보다 잘 정비되고 목표 지향적인 서비스를 제공하거나 모니터링 체계화, 불평등 해소 및 접근성 제고, 자원의 결합, 질을 위한 일관된 비전과 정책, 영유아와 부모를 위한 응집성/집중 등에서 선 부처 일원화의 장점이 있다고 하였다.

한편, 통합의 수준은 각 나라의 상황에 따라 다르게 접근하고 있다. 통합의 수준에 관해서는 이후 '유보통합의 수준 분류' 부분에서 상세하게 살펴보도록 하겠다.

셋째, HOW, 어떻게 통합할 것인가? 이는 방법의 문제로서 단계와 전략에 관한 논의 사항이다.

논의점 어떠한 단계와 전략을 활용할 것인가?

- 통합을 추진하는 데 중요한 도전과 제약은 무엇인가?
- 그것이 작용한다면 어떤 조건에서 작용하는가?
- 제약이 있을 때 유용한 대안은 무엇인가?
- 정부는 통합을 위한 비용을 어떻게 마련할 것인가?

유보통합 추진에 있어서 단계적 추진이 필수적으로 여겨져 왔다. 박근혜 정부의 유보통합 정책 추진에서도 3단계로 단계적인 접근을 했으며, 윤석열정부에서도 단계적 계획을 세워 추진하고 있다. 각 정부마다 추진 단계와 내용이 상이하기는 하지만 중요한 도전과 제약은 비슷하다. 즉, 유보통합 당사자들과 전문가들의 시각 차이가 존재하며, 갈등과 이해관계로 인한 의견 차이가 발생한다는 것이다. 이를 해결하기 위해서 유보통합에 대한 정부의 정책적 신념이 확고해야 하고 이해집단의 갈등 당사자들 간에 지속적인 대화를 통한 사회적 합의를 이루어나가야 한다. 또한 통합을 위한 비용 마련을 위해 재정확보가 중요하며 지방자치단체와 교육감들과의 합의 또한 필수적인 과제이며 합의한 내용 준수가 요구된다.

유보통합은 영유아교육이 생애초기 단계로 새롭게 자리매김하는 것이며 영유아학교의 학제가 새로운 장을 여는 정책이다. 따라서 이는 '영유아의 발달과 교육 및 돌봄을 받을 권리'를 최우선으로 하여 추진되어야 한다.

2) 유보통합의 수준 분류

2002년 OECD의 Starting Strong 보고서를 시작으로 OECD는 OECD 가입국들의 유아교육과 보호(Early Childhood Education and Care: ECEC)체제에 대한 분석과 보완을 제시하여 선진국에 걸맞는 ECEC 체제를 갖추고 유지하도록 국가차원의 지원에 대한 권고를 해오고 있다. 그간 유아교육과 보육의 선진국들에서는 교육부로 유아교육과 돌봄을 통합하여 교사의 전문성과 질적 수준을 고양하고 교육과정과 돌봄의 수준을 확보하고자 하는 노력을 해왔다. 그 나라들은 대부분 북유럽 국가들로서 일정수준 이상의 복지체계를 갖추고 있으며, 아동의 권리가 매우 중시되는 국가들이다.

0~5세 유아들을 대상으로 유아교육과 보육의 이원화된 체계를 갖고 있는 우리나라는 행, 재정적 낭비와 비효율성, 학부모의 기관 선택의 어려움 및

유아교육과 보육의 질적 수준 확보의 어려움이 지적되어 왔다. 우리나라를 비롯하여 OECD 가입국들 중 0~5세를 대상으로 교육과 돌봄이 분리된 체제의 국가들은 각 나라의 상황과 문화 및 교육과 양육의 관점에 따라 통합을 진행하였는데, 통합의 수준은 각 나라의 상황에 따라 다르게 접근하고 있다.

통합의 수준과 기관 통합의 다양화 방안은 몇 가지로 나누어 볼 수 있다(최은영, 조경진, 2024). 첫째, 완전 통합형이다. 이는 주무부처, 교육과정, 교사자격, 관리 감독, 비용 지원 및 기관 유형을 완전히 일원화하는 형태이며, 대표적으로는 스웨덴과 핀란드가 있다. 둘째, 부분 통합형이다. 이는 기관 유형만 다양화하고 주무부처, 교육과정, 교사자격, 관리감독 및 비용지원을 일원화하는 모델로서, 학부모의 선택권을 확대하고 지역적 특성에 대한 고려가 가능하며, 유아교육과 보육의 특성을 유지할 수 있는 안으로 여겨진다. 대표적인 예로는 뉴질랜드의 통합사례로 기관은 유치원(3~4세), 보육기관(0~4세)로 이원화 방식으로 운영된다.

한편, 2019년 유럽연합 집행위원회(European Commssion)는 유보통합수준을 보다 체계적으로 분류하기 위해 아래의 네 가지 차원을 기준으로 설정하였다(European Commission/EACEA/Eurydice, 2019).

① 기관 통합 여부
② 거버넌스의 일원화
③ 교원 자격의 기준(교원 필수자격(ISCED level 6 이상 여부: 4년제 대학)
④ 교육내용(커리큘럼, 교육프로그램, 교육적인 지침) 통합 여부

유럽연합 집행위원회는 이 네 가지 차원을 기준으로, 유보통합의 수준을 다음과 같은 5단계로 구분하였는데, ① 통합(integrated), ② 일정 부분 통합(somewhat integrated), ③ 중간 수준(mid-way), ④ 일정 부분 분리(somewhat split), ⑤ 완전 분리(split)이다. 이에 따른 유럽 국가별 분류 현황은 〈표 3-1〉과 같다.

표 3-1 유럽연합 집행위원회의 ECEC 통합수준에 따른 유럽 국가 분류

유보통합의 수준	수준별 4가지 차원	유럽 국가
통합 (integrated)	0~5세 모든 ECEC 부분에서 일관적이고 조화로운 정책 운영. 취학 전까지 모든 유아는 일원화된 기관 이용. 교육부 관장. 0~5세 커리큘럼, 교육적인 프로그램이나 가이드라인. 0~5세 모든 ECEC 부분에서 4년제 담임교사 근무	핀란드, 노르웨이, 아이슬란드, 크로아티아, 리투아니아, 슬로베니아, 보스니아, 헤르제고비나, 몬테네그로
일정 부분 통합 (somewhat integrated)	대부분 또는 모든 0~5세 유아를 위한 일원화된 기관, 일원화된 행정부처, 0~5세를 위한 교육적인 가이드라인 마련, 기관과 교사자격 기준의 측면에서 차이	• 0~5세 모든 유아가 일원화된 기관에 다니지만, 교사자격 필수요건이 모든 ECEC 기관에 적용되지 않음: 스웨덴, 라트비아, 북마세도니아, 세르비아 • 유아의 일부는 영아기관에서 유아기관으로 이동(혼합기관 체제)하지만 0~5세 담임교사는 4년제 자격요건: 독일, 에스토니아
중간 (mid-way)	일원화된 행정부처, 0~5세 교육적인 가이드라인, 일부분 또는 모든 유아의 연령에 따른 기관 이동, 4년제 자격교사가 모든 ECEC 기관에 근무하지 않는 형태	덴마크, 영국, 아일랜드, 오스트리아, 프랑스, 스페인, 루마니아, 룩셈부르크, 말타
일정 부분 분리 (somewhat split)	모든 유아는 보육 기관에서 취학전교육 기관으로 이동. 4가지 차원 중 한 가지 차원만 통합한 경우가 속함	• 교육적 가이드라인이 마련되어 있으나 0~2, 3~5세로 분리된 경우: 벨기에(불어, 플레미쉬 공동체), 헝가리, 리히텐스테인, 터키 • 교육적 가이드라인이 없으나 0~5세 담임교사는 4년제 자격소지자: 불가리아, 그리스, 사이프러스, 포르투갈
분리 (split)	보호와 유아교육이 4가지 차원에서 모두 분리: 이원화 기관, 영아와 유아 대상 이원화 행정부처, 유아교육의 4년제 교사자격 요건에 비해 영아교사의 낮은 교사자격요건(또는 0~5세 대상 낮은 교사자격요건), 영아대상 교육적 가이드라인 부재	벨기에(독일어 사용 공동체), 체치아, 이탈리아, 네덜란드, 폴란드, 슬로바키아, 영국(웨일스), 알바니아, 스위스. (이탈리아는 2019/20까지 0~5세 센터중심의 기관 통합과 교사자격 통합 진행 중)

출처: European Commission/EACEA/Eurydice(2019). Key Data on Early Childhood Education and Care in Europe–2019 edition의 내용을 정리하여 표로 구성함.

이에 따르면, 먼저 유보통합에서 '완전통합'의 수준을 갖춘 국가들로는 핀란드, 노르웨이 및 아이슬란드가 있다. 이 나라들은 0~5세를 대상으로 모든 유아교육과 돌봄 부분에서 일관적이고 조화로운 정책을 추진하고 있다. 교육부가 0~5세 ECEC 업무를 관장하며, 취학 전까지 모든 유아는 일원화된 기관을 이용하고 0~5세 일원화된 교육과정과 가이드라인이 있고 4년 양성과정을 거친 담임교사가 근무하는 형태를 취하는 것이다.

그에 비해 '일정부분 통합'의 수준을 보이는 국가로 스웨덴을 들 수 있다. 대부분 또는 모든 0~5세 유아를 위한 일원화된 기관과 교육부로 일원화된 행정부처를 갖고 있고, 0~5세를 위한 교육적인 지침이 마련되어 있으나 교사자격요건에 일부 차이가 존재한다. 0~5세 모든 유아가 일원화된 교육기관에 다니지만, 모든 ECEC 기관에 동일한 교사자격 필수요건이 적용되지는 않는다. 예를 들어 0~5세 통합기관인 프리스쿨(preschool) 교사는 4년제 교원양성대학에서 배출되지만, 가정탁아 또는 부모협동 탁아 등의 경우는 교사자격에서 자격필수요건이 없다는 것이 차이점이다.

이러한 분류 기준은 각국의 제도운영 방식과 교사 양성체계, 교육과정의 통합 정도를 객관적으로 파악하는 데 유용하며, 우리나라의 유보통합 논의를 보다 입체적으로 분석할 수 있는 틀을 제공한다. 예를 들어, 우리나라는 현재 3~5세 누리과정을 중심으로 교육과정이 통합되어 있고, 거버넌스도 교육부로 일원화되었다. 그러나 교사자격이나 기관 운영 방식에서는 여전히 분리적 요소가 존재하여 '중간 수준'에 해당한다고 평가할 수 있다. 따라서 거버넌스 통합을 우선으로 하여 출생인구 감소에 따른 기관 감소 등의 대응과 관리 및 지원 감독으로 행정 부분을 안정적으로 관리한 후 이후 기관과 교사자격 및 양성체제의 통합 순으로 순차적으로 진행하는 것이 바람직한 것으로 생각된다.

UNESCO의 연구(Kaga et al., 2010)에서도 1980년대 이후 ECEC 통합은 전 세계

적으로 '교육 중심 통합'이 일반적인 추세임을 밝히고 있으며, 특히 북유럽과 뉴질랜드, 슬로베니아 등의 국가들은 이미 ECEC 업무를 교육부로 일원화한 바 있다. 이는 교육부로의 유보통합 주무 부처 일원화가 세계적인 추세인 것을 나타낸다. 또한, 유아를 태어날 때부터 학습자로 보고, 평생학습의 출발점으로서 유아교육의 중요성을 강조하는 관점과도 일치한다(이정욱, 2015).

다만, 북유럽의 유보통합 모델은 업무의 부처 이관 형식과 기존에 단일 교사양성체제를 가지고 있었다는 점이 우리나라와 차이가 있다. 또한, 공립기관 비율이 70~80% 이상인 맥락에서 가능했던 점을 고려할 필요가 있다. 예를 들어 핀란드는 2021년 기준 공립기관 이용률이 81%에 달하며, 이는 우리나라와는 다른 제도적 기반을 갖추고 있음을 알 수 있다.

이처럼 유럽연합의 유보통합 수준 분류는 우리나라의 통합 논의가 찬반의 이분법적 논쟁에서 벗어나 더욱 유연하고 단계적인 접근을 모색해야 함을 시사한다. 단선적이거나 이상적인 모델을 추구하기보다, 우리나라의 제도·문화적 여건을 반영한 현실적이고 점진적인 통합전략 수립이 필요하다. 결국, 유보통합은 다차원적이고 연속체적인 과정임을 인식하고(한유미, 2023), 그 복합성을 고려한 정책 설계가 요구된다.

3) 유아교육과 보육의 분리와 통합의 시대적 변화

유아교육과 보육의 통합의 역사를 알아보는 것은 우리나라의 유보통합이 추진된 역사적 배경을 이해하는 데 도움이 된다. 따라서 유아교육과 보육의 역사를 근대에서 현대까지 살펴보도록 하겠다.

우리나라의 유아교육과 보육은 시대에 따라 분리와 통합의 과정을 거쳐왔다. 유아교육과 보육 체제의 변천 과정을 시대별로 고찰한 연구와 문헌에 따르면(송치숙, 박종배, 2019; 이일주, 2006; 임미령, 2024) 조금씩 구분이 다르기는 하지만 전반적으로 1982~1990년까지를 유아교육과 보육의 제한적 일원화

체제, 1991~2003년까지를 유아교육과 보육의 완전한 이원화 제체, 그리고 2004년 이후를 유보통합 추진 이후의 시기로 나누고 있다. 이를 시대별로 살펴보면 다음과 같으며, 〈표 3-2〉에 역대 정부별 유보통합의 주요 정책 및 제도로 정리하였다.

표 3-2 역대 정부별 유보통합 주요 정책 및 제도

정부	주요 정책 및 제도	유보통합 관련 동향
노태우 정부 (1988~1993)	• 유아교육진흥종합계획 수립(1989) • 「영유아보육법」 제정(1991)	– 보육의 복지부 이관 기반 마련 → 유보 이원화 제도화
김영삼 정부 (1993~1998)	• 유아교육의 국가 책무성 강화 • 보육의 질 향상 및 제도 정비	– 유보 이원화 구조 유지 – 행정 이원화로 인한 중복 지원, 교사 자격체계 이원화 문제 제기
김대중 정부 (1998~2003)	• 유보통합 시범사업 추진(2001–2002) • 「유아교육법」 제정(2002)	– 유보통합 공식 정책 의제화 – 정부 차원의 유보통합 초기 시범사업 및 제도적 논의 시작
노무현 정부 (2003~2008)	• 「유아교육법」 시행(2004) • 보육업무의 여성가족부 이관(2004) • 유보통합 시범사업 지속 추진 • 만 5세 누리과정 시범 실시(2007)	– 부처 간 이원화 구조 지속으로 인한 행정 및 예산 비효율 문제 심화 – 누리과정 도입을 통한 유아교육과 보육 교육과정 통합 시도
이명박 정부 (2008~2013)	• 보육업무의 보건복지부 재이관(2008) • 2012년 만 5세 누리과정 실시 2013년 만 3~5세 누리과정 확대	– 누리과정 시행으로 교육과정 통합
박근혜 정부 (2013~2017)	• 유보통합추진단 설치, 유아학비, 보육료 결제카드(아이행복카드) 통합 • 유보통합 로드맵, 제도 설계 수립 논의, 연구 진행	– 부처 갈등, 교사자격, 예산 분리 문제로 통합 지연 – 추진 조직 구성 및 구체적 제도화 실패
문재인 정부 (2017~2022)	• 누리과정 예산 국가 전액 부담 • 국공립 유치원 및 어린이집 확충	– 추진단 구성없이 사실상 정체
윤석열 정부 (2022~2025.5)	• 유보통합 추진방안 발표, 유보통합추진단 출범 및 추진위원회 출범(2023) • 유보통합 로드맵 및 추진 일정 발표 • 교육부로 일원화 정부조직법 개정 및 시행(2023.12)–유보 관리체계 일원화 • 아이행복 연구자문단 구성 운영으로 통합모델 논의	– 유보통합 정책 체계 정비 – 당정 공동선언 및 협의체 통한 정책 의제화

(1) 유아교육과 보육의 제한적 일원화 체제의 시대(1945~1960)

이 시기는 취학전 유아를 담당하는 학교로서의 교육기관인 유치원의 역할이 법적으로 명시되었고, 유치원을 학교로 명문화한 것과 그 학교의 역할이 유아를 보호하고 가르치는 점이라는 것에 근거하여 제한적 일원화 시대로 볼 수 있다.

1949년 12월 제정된 「교육법」은 유치원 교육을 포함하여 우리나라 교육의 목적과 방침을 제시한 것으로 유치원이 학교 제도 안에서 교육의 시작점인 것을 드러낸 중요한 법령이다. 교육법에서는 유치원을 교육기관인 학교 제도 안에 포함하여 유치원 교육의 목적과 목표, 수업연한, 입학자격 및 입학 연령 등에 대해 규정하였다. 구체적으로 「교육법」 제146조와 제148조에서는 유치원을 '만 4세부터 초등학교 취학시기에 달하기까지의' '유아를 보육하고 적당한 환경을 주어 심신의 발육을 조장하는 것을 목적으로 한다.'고 규정하였다(국가법령정보센터(http://www.law.go.kr)). 이 문구에서 유치원의 역할을 취학 전 유아의 보육을 담당하는 학교로 규정하고 있음을 알 수 있다. 이와 같은 유치원 관련 규정은 식민지 시대의 유치원 규정을 그대로 가져온 것이기는 하지만, 해방 이후 유아교육에 관한 우리나라 최초의 규정이라는 점에서 의의가 있다(송치숙, 박종배, 2019).

한편, 우리나라에서 보육시설인 탁아소에 관한 법률은 1961년 제정된 「아동복리법」부터로 본다. 「아동복리법」에서는 탁아소가 '아동이 그 보호자로부터 유실, 유기 또는 이탈되었을 경우, 그 보호자가 아동을 육성하기에 부적당하거나 양육할 수 없는 경우, 아동의 건전한 출생을 기할 수 없는 경우 또는 기타의 경우에 아동이 건전하고 행복하게 육성되도록 그 복리를 보장함을 목적으로 한다.'고 규정하였다.

이러한 교육법과 아동법리법 법령을 근거로 우리나라의 유아교육과 보육은 처음으로 법령에 의해 이원화되었다고 할 수 있으나 탁아사업이 외국의 원조에 의해서만 유지될 수 있는 고아와 구호아동 중심의 사업이었으며, 법적인 보육 체제에 대한 규정이 없고, 법률적으로 유치원만 교육기관으로 규정되었기 때문에 유아교육의 일원화 시대로 본다.

(2) 다원적 이원화 체제 시대(1961~1990): 유치원, 탁아소, 새마을협동유아원, 민간 유치원

이 시기에는 유치원 교육의 시설과 교육과정의 질적 발전을 위한 정부의 정책적 노력이 있었다. 1980년 초까지는 영유아교육 및 보육기관으로 유치원, 탁아소, 새마을 협동유아원, 민간 유치원 및 유사 시설 등 다양한 시설이 혼재하는 양상이었다. 이를 정비한 법령이 1982년의 유아교육진흥법 제정이며, 아동복리법의 개정인 아동복지법이다.

1962년 유치원 시설 기준이 공포되었고, 1963년에는 우리나라 모든 유치원에 근무하는 교사 전원을 유자격 교사로 대치하도록 하는 정부 시책이 시행되었으며 1967년의 학교 시설 · 설비기준에 유치원 시설 기준을 포함하여 공포하였다. 또한 우리나라 최초의 국가수준 유치원 교육과정인 제1차 유치원 교육과정이 1969년에 제정 및 공포되어 유아의 흥미, 경험, 생활중심의 교육으로 운영되도록 하였다. 이에 따라 유치원에 대한 국가수준의 관리 및 체계화 노력으로 유치원이 양적으로 크게 성장하였으나 그 대부분은 사립유치원이라는 점이 한계가 있다.

또한, 이 시기는 우리나라의 폭발적인 경제성장시기로 여성의 취업률 증가로 인해 탁아시설 증설이 필요하게 되었다. 1961년 제정된 아동복리법이 탁아소에 관한 사항을 포함하였지만, 구제 구민 사업의 특성을 띠었다가 1968년에 구민 사업이었던 탁아소를 어린이집으로 개칭하면서 어린이를 보호하고 교육하는 역할로 변화되었다(이기숙 외, 2014). 이후 탁아 수요 증가에 따라 1978년에는 입소 대상을 일반 가정 아동까지 확대하고 보육료의 수익자 부담 원칙도 세우게 되었다.

한편, 1982년의 유아교육진흥법 제정은 다원화된 각종 영유아 관련 기관의 정비가 가능하게 된 계기가 되었다(고민정, 권건일, 2007). 유아교육진흥법은 기존의 유아의 보호와 수용이나 탁아보다는 유아의 성장과 발달을 도모하는 교육적 기능을 강조하는 동시에 방임적 다원화 체제였던 국내 보육 체제를 '새마을유아원'으로 일원화하는 것이었다(김영옥, 1995). 유아교육진흥법은 하나의 법 아래 관장 부처와 담당 기관이 둘인 '한 지붕 두 가족' 체제를 유지하기도 하였다(이일주, 2016). 그러나 이 법적 영향력을 받지 못하는 여러 유형의 보육 및 교육기관들이 남아있어서 문제가 되었으며, 제6공화국이 들어서면서 새마을운동에 대한 비판으로 새마을유아원은 쇠퇴하게 되었다.

(3) 유보 이원화 체제(1991~2003)

이 시기에 유아교육과 보육이 이원화 체제를 갖게 되었고 이전에 우리나라 유치원과 탁아시설, 어린이집 등에서 제공한 교육과 보육을 서로 다른 영역에 속한 활동으로 보는 이분법적인 인식이 강해졌다(이일주, 2016).

이러한 이원화 체제를 굳히게 된 주된 원인으로 1991년의 영유아보육법을 들 수 있다. 영유아보육법으로 1982년에 제정된 유아교육진흥법에 포함되지 못한 다수의 보육 및 교육기관(직장 탁아소, 88 탁아원 등)에 대한 문제를 해결하고 영유아 및 가정의 복지증진과 영유아 보호 및 교육의 중요성을 증대하기 위해 탁아 관련 주무부서를 보건사회부로 일원화하게 되었다. 이에 따라 용어의 변화도 일어났는데 탁아의 용어가 보육이라는 용어로 전환되었고(이유미, 2016), 영유아보육법 제정으로 기존 새마을유아원이 보육시설로 전환하게 되었으며 법적 근거를 확보하게 되었다. 그러나 이로 인해 유아교육과 보육의 주무 부처가 교육부와 보건사회부로 이원화되는 결과를 가져오게 된 측면도 있다.

법적으로 보면, 1991년에는 유아교육과 보육계가 교육법에 의거한 유치원과 유아교육진흥법에 의거한 새마을유아원 그리고 영유아보육법에 의거한 보육시설의 크게 세 가지 기관 유형이 있다가 1993년 내무부 산하의 새마을유아원이 유치원과 어린이집으로 전환되었다(김영옥 외, 1995). 단기간에 보육시설로 전환할 수 있게 되면서 보육시설의 급속한 양적 팽창이 되었고 나아가 1999년에는 보육시설 설치 인가제를 신고제로 전환하면서 더욱 보육시설이 증가하게 되어 보육의 질 저하와 지역 간 불균형 문제를 낳는 원인이 되었다(송치숙, 박종배, 2019). 이러한 보육시설은 주로 민간 보육시설이 증가하는 결과를 불러오게 하였다. 그럼에도 불구하고 1997년에 유아교육 공교육체제 확립과제가 김영삼정부의 5.31 교육개혁 과제 중 하나로 추진되면서 유보통합 논의가 가속되었다(이일주, 2016).

(4) 유보통합 추진 시작(2004~2017)

유치원과 어린이집을 유아학교로 통합하고자 하는 정책논의는 김대중 정부와 노무현 정부에서도 계속 논의되었으나 결국 각 체제의 관련 법 제정과 전면 개정으로 흘러갔다. 유아교육과 보육의 이원화 체제 아래 보육시설의 양적 팽창이 문제가 되면서 유아교육계는 그간 부처 간의 이해관계에 따른 갈등으로 합의를 이루지 못하던 유아교육법을 2004년 1월 우리나라 최초로 제정하여 2005년부터 시행하였다. 유아교육법은 초중등교육법에 유아교육체제가 부속되어온 문제점을 해결하고 공교육 체제로서 유아교육을 마련하여 유아교육에 대한 국가 책임을 확대한 의의가 있다(이기숙 외, 2014). 한편, 2004년 영유아보육법의 전면개정은 종전의 보호자의 보호를 받기 어려운 영유아들만을 대상으로 하던 '선별보육'에서 만 3~5세의 모든 영유아들을 대상으로 하는 '보편보육'으로 변화하면서 유아교육과 보육의 대상이 중복되는 문제를 야기하였다(이일주, 2016).

또한 2004년에는 영유아보육법의 전면 개정으로 유치원과 보육시설의 기능적 측면이 과거에 비해 더 유사해졌지만, 법 자구에서는 차이를 보였다. 즉, 영유아보육법에서는 보육을 보편주의 보육이념과 사회복지서비스로서의 보호 및 양육과 영유아의 발달특성에 적합한 교육을 제공하는 사회복지서비스로 규정하여, 보호, 양육, 교육을 제공하는 사회복지서비스라는 학문적 배타성을 가지고 있으면서 인위적으로 조합된 문구가 갖는 한계를 보였다. 그럼에도 영유아보육법 개정과 함께 참여정부의 보육정책은 보육의 공공성 강화와 질적 수준 향상 추진으로 이루어졌다. 이 시기 육아정책연구센터(현. 육아정책연구소)가 창설되었고, 1차 중장기 보육계획인 새싹플랜 입안 등 보육시설 이용률과 국가의 지원이 확대되었다.

한편, 2008년 이명박 정부가 시작되면서 보육업무는 보건복지가족부 보육정책실로 이관되었다. 유보통합에 있어서도 의미있는 작업이 시작되었다. 2012년에는 유아교육과 보육의 이원화 체제 중 교육과정의 통합이 이루어졌다. 즉, 만 5세 누리과정을 개발하여 우리나라 유치원과 어린이집에 다니는 만 5세 유아들에게 국가수준의 공통 교육과정을 제공하면서 지역과 사회경제적 수준에 상관없이 동일한 내용의 교육과 보육이 이루어지도록 하였다. 2013년에는 누리과정을 3~4세까지 확대하여 만 3~5세 유아 대상 교육과정과 보육과정의 통합이 이루어졌다. 이는 우리나라 유보통합이 유럽연합(EC)의 통합수준 분류기준에서 일정 부분 분리단계(4가지 차원 중 한 가지만 통합)에 속한 것을 보여주기는 하지만 유보통합에 있어서 중요한 부분의 통합을 이루어냈다는 점에서 큰 의의가 있다.

이후 2014년부터 유보통합 논의가 본격적으로 일어나면서 구체적인 계획을 바탕으로 추진하게 되었다. 2014년 2월 14일 국무조정실 산하 '영유아교육 · 보육통합추진단'이 공식 출범하여 국무조정실, 기획재정부, 교육부, 보건복지부 등 정부의 관계부처와 육아정책연구소, 보육진흥원 등의 공무원과 민간전문가 등 18명으로 구성되었으며, 유보통합 3단계 계획을 추진하고자 하였다(국무조정실 교육문화여성정책관실, 2014).

영유아 교육 · 보육 통합 추진단에서는 유보통합의 키워드를 '학부모 요구 최대 수용'에 두고 다음과 같은 3단계 세부 통합 추진방안을 마련하였다(이일주, 2014).

표 3-3 2014년 유보통합의 3단계 세부 통합 추진 방안 내용

(1단계) 2014년 즉시 할 수 있는 것을 우선 추진: 정보공시, 평가체계, 재무회계규칙 등 품질개선 기반 구축 · 조정	• 정보공시(원비, 교사, 특별활동, 급식 등) 내용 확대, 연계 및 통합 • 공통평가항목과 평가기준 마련, 유치원 평가와 어린이집 평가인증 연계 • 재무회계규칙 적용 확대와 공통 적용 항목 개발 등 • 결제카드 통일
(2단계) 2015년 규제환경 정비 등 본격 추진: 영유아 교육 · 보육 현장의 규제운영환경 등 통합 · 정비 방안 마련	• 시설기준(교실면적 · 교사 당 아동비율 등) 정비 · 통합 • 이용시간, 교육과정 등 통합 • 교사 자격과 양성체계 정비 및 연계 추진
(3단계) 2016년 관리부처와 재원 등 마무리: 교사, 재원, 관리부처 등 통합 · 정비 방안 마련	• 어린이집–유치원 간 교사 처우 격차 해소 단계적 지원 • 관리부처(교육부–복지부, 교육청–지자체) 및 재원의 통합

출처: 이일주(2014). 유아교육과 보육통합 추진 쟁점과 방향. 한국포괄영유아 · 아동교육지원학회 2014년도 제1차 교사연수 자료집.

계획을 보면 1단계인 2014년 통합 전 우선 추진할 수 있는 부분을 먼저 추진하는 단계로 예를 들어 어린이집과 유치원의 정보공시 통합으로 관련 정보를 학부모가 확인할 수 있게 하고, 유치원과 어린이집의 평가 기준을 연계하여 통일하도록 하였다. 2단계는 2015년으로 규제환경의 정비 통합 단계로서 교육 및 보육비 결제카드를 통일하고 유치원과 어린이집의 면적 및 교사 대 아동 비율 통합, 유치원에 0~2세 영아 취원 시범 실시, 교사자격 관리 및 양성 체계 정비하는 계획을 세웠다. 3단계인 2016년에는 통합의 마무리 단계로 교사 처우 격차 해소 및 관리부처 일원화 그리고 교육청

과 지자체 재원 통합을 계획하였다. 박근혜정부의 3년 4개월 동안 유보통합추진위원회와 통합추진단에서 현 정부의 유보통합을 주도하여 추진해 온 결과, 정보공시, 결재카드의 통합을 완료하였고, 유치원과 어린이집 평가 영역 및 기준 통합을 위한 시범사업 추진, 어린이집 미설치 지역 만 0~2세 영아보육의 유치원 연계 시범사업, 유치원과 어린이집 시설기준 정비 · 통합방안 모색, 교사자격 및 양성체제 통합방안과 관장부처 통합방안 정책연구 추진 등의 성과를 거둔 것으로 판단된다.

그러나 정치적인 소용돌이로 인해 통합계획의 정책적 추진이 멈추어 서게 되었고 문재인 정부에서는 유보통합에 대해 구체적인 정책화가 나타나지 않았다.

(5) 유보통합 3단계 계획 이후 추진(2022년 이후 현재)

2022년 5월 출범한 윤석열정부는 국정과제로 유보통합을 채택하여 우리나라 영유아들의 행복과 공공성 확보를 위해 유보통합추진에 박차를 가하기 시작하였다. 2023년 12월 국회에서 정부조직법 개정안이 통과되면서 30년간 보육과 유아교육의 이원화 업무가 교육부로 일원화되었고 교육부가 주무부처로 역할을 담당하는 법적 지위를 갖게 되었다. 이는 지난 유보통합 3단계 계획에서 주무부처의 일원화를 가장 마지막 단계에 둔 것과는 반대로 정부 출범 초기에 주무부처의 일원화를 통해 행 · 재정적 추진 동력을 확보하여 가장 난제로 불리는 교사 자격 및 양성과 기관 유형의 통합을 추진하고자 한 점에서 차별성을 갖는다. 이는 0.74라는 초저출생이라는 국가적 위기 및 이에 따른 유치원과 어린이집의 양적 수요의 축소로 인한 위기의식이라는 공동의 맥락이 있어서 가능했다.

정부는 2023년 1월 30일, '영유아중심의 질 높은 교육 · 돌봄 체계'를 마련하기 위한 유보통합 정책을 추진할 것을 발표하였다. 먼저 1단계

(2023~2024)로 유보통합추진위원회와 유보통합추진단을 중심으로 기관 간 격차 해소 및 통합 기반을 마련하는 것과 2단계(2025~)로는 교육부와 교육청 중심으로 유보통합을 본격적으로 실시하겠다는 계획을 발표한 것이다. 이에 따라 2023년 4월 '아이행복 연구자문단'이 발족되었고 5월에는 유보통합 선도교육청 9개(서울, 경기, 인천, 세종, 충북, 대구, 전북, 경북, 경남)가 지정되어 격차완화를 위한 시범사업을 추진하게 되었다. 또한 7월에는 교육부, 보건복지부, 대한민국시도지사협의회, 전국시도교육감협의회가 모여 '영유아교육 · 보육통합 실현을 위한 공동선언'을 했다. 이들은 "유보통합을 위한 안정적이고 합리적인 재정 확보와 인력지원이 원활하게 이루어질 수 있도록 최선"을 다하겠다고 하였으며 유보통합의 원활한 수행과 협업을 위한 실무협의회를 구성 · 운영하기로 하였다.

2024년에는 유보통합을 위한 이음교육, 통합기관 시범학교 사업 등과 통합과제 연구들이 수행되었으며 관련 공청회들도 열려서 현장과 학계의 의견을 모아 반영하는 노력이 이어졌다.

한편, 유보통합정책에 대한 OECD의 평가는 긍정적이다. OECD는 '2024 한국경제보고서'에서 "대한민국의 유보통합은 긍정적 조치이며 계획한 대로 시행되어야 할 것"이라며, 거시경제 전망 및 정책 평가와 인구감소 대응 등에 대한 문제점을 분석하고 핵심 권고 사항을 제시하였다(베이비뉴스, 2024.07.25.).

OECD “대한민국의 유보통합은 긍정적 조치이며 계획한 대로 시행되어야 할 것임.”

- OECD는 ‘2024 한국경제보고서’에서 거시경제 전망 및 정책 평가와 인구감소 대응 등에 대한 문제점을 분석하고 핵심 권고사항 제시
- 보고서에서는 “조기 아동 교육 및 보육의 질과 양을 개선하기 위한 공공지출은 아동 현금수당보다 출산율에 더 큰 긍정적인 영향을 미친다”라며 “그러나 현재 한국의 보육 시스템은 맞벌이 부모의 요구를 충족하지 못하고, 약 30%의 여성이 경력 중단 등의 이유로 적절한 보육 옵션 부족을 겪고 있다. 이는 사립보육의 질이 낮고, 공립보육이 부족하며 개원시간이 부모의 근로시간과 맞지 않는 점을 반영한다.”
- “보육과 유치원에 대한 규세와 거버넌스를 일원화하고, 보육기준을 현재 유치원에 적용하는 수준으로 높여야 한다”라고도 강조하고, “공립보육의 가용성이 높을수록 출산율도 높아진다”라며 공립보육 접근성을 지속해서 개선하라고 제언

2. 미래 영유아학교의 정체성

본 절에서는 앞에서 살펴본 유보통합정책 이후 우리나라 0~5세 영유아들을 위한 교육과 보육 통합기관인 미래 영유아학교(가칭)의 정체성에 대해 살펴보고자 하였다. 이를 위해 education과 care의 통합이 이루어질 영유아 대상 학교의 정체성은 어떠해야 할 것인가에 대해 ECEC 개념, 미래 영유아학교의 성격, 영유아학교와 학교교육과의 관계, 영유아학교의 법적 및 제도적 근거에 대해 살펴보았다.

1) 교육과 보육, 돌봄(ECEC)의 개념과 학교

교육과 돌봄(education & care)의 개념을 살펴보기 위해 OECD에서 처음 정의한 ECEC의 개념을 검토하였다. OECD는 이 용어에서 교육(education)을 돌봄(care)보다 앞에 둠으로써, "발달과 교육에 대한 아동의 권리가 영유아를 위한 모든 서비스에서 우선되어야 한다"는 점을 강조하였다(OECD, 2006:24). 이는 0~5세 영유아들을 대상으로 하는 모든 활동은 적합한 발달과 교육이 이루어지도록 하는 것이 일차적인 목표이며 이를 달성하기 위해 돌봄은 함께 이루어지는 것으로 이해할 수 있다. 예를 들어, 스웨덴은 1997년 통합기관인 preschool의 주무부처를 교육연구부로 이관하면서 기존의 '교육'의 개념에 '돌봄'을 포함해 재정의하였다. 이는 유아를 위한 교육의 개념이 더이상 협의의 학교교육에 국한되지 않고, 유아의 삶 전반을 아우르는 광의의 교육으로 확장되고 있음을 보여준다(Dahlberg & Moss, 2005).

이처럼 학교는 교육만을 위한 공간이 아니라, 돌봄과 사회적 관계 형성을 통해 아동이 건강하게 성장할 수 있도록 지원하는 포괄적 공간이어야 한다는 인식이 확대되고 있다(이형빈, 2023). 특히 '유아교육'은 형식적인 학교교육이 아닌, 돌봄을 포함한 총체적 개념으로 사회적 수용을 얻고 있으며

(최은영 외, 2022), '보육' 역시 단순한 보호 기능을 넘어서 교육적 역할을 수행하고 있기에, 양자의 이분법적 구분을 넘는 패러다임 전환이 요구된다(권정윤, 2024a). 김대현(2007)은 배움과 돌봄이 구별될 수는 있지만 분리될 수 없는 상호작용적(transactional) 과정이라 보았다. 배움은 돌봄 없이는 불가능하며, 돌봄은 배움을 통해 심화될 수 있으므로, 이 둘은 상호작용을 통해 순환적으로 진보한다고 하였다.

생애초기 학교의 정체성은 어떠해야 하는가? 이러한 교육과 돌봄의 개념은 통합기관이자 '학교'로서의 영유아학교의 정체성과 긴밀히 연결되어 있다. 예컨대, 스웨덴 유아교육과정(Skolverket, 2019)은 "유아교육기관이 돌봄, 발달과 학습이 결합된 전체론적인 관점을 가지고"(p. 7) 페다고지(pedagogy) 접근을 특징으로 한다고 명시하고 있는데, 이는 미래의 영유아학교가 어떤 철학과 접근을 기반으로 구성되어야 하는지를 시사한다.

이와 같은 배경에서 '학교'의 개념 또한 재고되고 있다. 전통적으로는 '법과 제도에 기반을 두어 배우고 가르치는 공간'으로 정의되었지만, 현대사회에서 학교는 교육뿐 아니라 돌봄, 만남, 보호의 기능을 수행하는 다원적이고 복합적인 공간으로 변모하고 있다. 늘봄학교, 방과후과정, 위탁교육 등의 사례는 학교가 교육과 돌봄이 공존하는 공간으로 진화하고 있음을 보여준다. 따라서 미래사회의 학교는 그 역할과 기능의 관점에서 볼 때 더 다원적이고 복합적인 성격을 갖게 될 것을 예측할 수 있다.

학교는 가르치고 배우는 기능만 하는 곳일까? 돌봄은 학교에서 이루어지면 안 되는 것일까? 학교는 본질적으로 교육과 돌봄이 공존하는 공간이다. 학교는 배움을 목적으로 하는 공간이며, 현대사회에서는 배움과 돌봄이 통합된 공간으로서의 학교가 필요해졌다. 그동안 학교교육의 가장 중요한 과업은 학생을 돌보는 데 있다기보다 가르치는 데 두었기 때문에, 학교가 학생을 돌보는 곳이라는 말은 다소 어색하게 들릴 수 있다(김대현, 2007). 그러나 김대현은 학교에서의 돌봄이 교육과 별개로 치부되던 기존 관행을 비판하며, 돌봄을 학교의 주요 기능으로 설정할 필요성을 제기하였다. 그는 학교의 돌봄을 "공간으로서의 돌봄"과 "교육목적으로서의 돌봄"으로 나누어 설명하면서, 학교가 본질적으로 교육과 돌봄이 공존하는 장소여야 한다고 강조하였다. 이는 유보통합 이후 영유아기관을 '학교'라 명명하는 데 있어 교육 중심 기관이라는 기존의 틀을 넘어서야 함을 시사한다. 학교가 본질적으로 교육과 돌봄이 공존하는 공간이라면, 영유아 대상 교육과 돌봄의 기관을 '학교'로 부르는 데 어려움이 없어야 할 것이다.

이러한 논의는 유아교육과 보육이 통합된 ECEC 학교에 대한 개념 정의와도 연결된다. 선진 각국에서는 ECEC '학교'에 대해 포괄적인 개념 정의를 하고 있다. 프랑스는 유아기관을 단순한 보호의 공간이 아니라 교육적 목적의 공교육 기관으로 간주하고, 이를 '학교'라 명명하며 제도화하였다(정미라, 1992). 이는 초, 중등 등 다른 급별 학교와 같이 "학교"라는 명칭을 사용해 오고 있는 것이다. 스웨덴 역시 유아교육과 보육시설의 통합기관으로 preschool(프리스쿨)을 국가교육체계 내에 통합하여 0~5세 아동의 평생학습과 발달의 첫 출발점으로 인식하고 있다(Ministry of Education and Science, 2010). 이는 취학 전 학교의 의미로 학교가 교육(education)과 돌봄(care)의 기능을 담당하는 것을 드러내고 있다.

앞에서 살펴본 바와 같이 이러한 논의는 유보통합 이후 새롭게 구성될 통합교육기관, 즉 생애초기 학교로서의 '영유아학교'가 교육과 돌봄을 분리하지 않는 전체론적 접근을 기반으로 하는 새로운 학교 정체성이 필요함을 시사한다. 따라서 통합기관을 '학교'로 명명하는 데 있어 단순한 명칭 변경을 넘어, 학교의 개념 자체를 재정의하려는 패러다임 전환이 함께 논의되어야 한다.

2) 미래 영유아학교의 성격

‘유아학교’는 1997년 대통령자문 교육개혁위원회의 제4차 교육개혁방안에서 처음 제시되었다. 이는 유아를 위한 교육과 보육기관을 통합하여 교육 수혜율을 높이고 교육의 질을 보장하기 위한 제안으로, 유치원과 어린이집을 ‘유아학교’라는 명칭 아래 통합 및 운영하자는 방안이었다(이기숙 외, 2014). 이후 2000년 11월 1일, 유아교육발전추진위원회는 교육부장관에 보고한 유아교육발전 종합 대책(안)-유아학교체제 구축을 중심으로에서 유아교육법 제정을 위한 법안을 도출하며, ‘유아학교’의 법적 정의를 다음과 같이 제시하였다(유아교육발전추진위원회, 2000). “유아학교라 함은 유아의 교육과 보호를 위하여 이 법에 의하여 설립 · 운영되는 학교를 말한다”(유아교육법안 제2조 제3호, 2000). 그러나 유아학교 명칭은 2004년 유아교육법 제정 당시 채택되지 못하였고 현재의 유치원 용어가 사용되고 있다.

황해익 등(2001)은 법안의 제2조 제2호와 제3호를 분석하며, 여기서 ‘교육’은 유아의 도덕성, 창의성, 사회성을 포함한 조화로운 발달을 촉진하는 행위이며, ‘보호’는 가정의 역할을 보완하고 부모의 경제활동을 지원하는 기능을 의미한다고 하였다. 결국, 이 정의는 유아교육을 단순한 교육이나 보호 중 하나로 한정하지 않고, 유아의 전인적 발달을 위한 통합적 개념으로 이해한 것이다.

당시 유아학교의 개념은 3~5세 유아들의 공교육체제의 확립과 장기적으로 0~2세 영아까지 포함하는 형태로 단계적 확대를 목표로 했다. 그러나 현재 유보통합이 본격 추진되면서, 유아학교라는 명칭을 포함해 통합기관으로서의 성격과 정체성을 재개념화하는 작업이 필요해졌다. 이는 기관의 성격을 교육 중심으로만 혹은 돌봄 중심의 서비스 기관으로만 보는 이분법적 시각을 넘어설 필요성을 제기한다.

미래사회에서의 영유아학교는 단순한 기능적 통합을 넘어, 유아를 위한 창의적이고 융합적인 학습공간으로 재설계되어야 한다. 새로운 영유아학교의 성격에 대해 고찰하기 위하여 Rinaldi(2006)가 '학교'에 대해 제시한 내용을 살펴보면, Rinaldi는 학교를 지식 전달의 공간이 아닌, 민주적 관계와 창의적 탐구가 이루어지는 공간으로 규정하며, 학교는 "어린이와 교사의 연구 활동이 강하게 얽히는 항구적인 실험실 또는 구성의 장(construction site)"이라고 하였다(Rinaldi, 2006: 126). 이때 교사는 유아가 어떻게 배우는지를 이해하고 함께 지식을 구성하는 존재이며, 배움은 단순히 결과가 아닌, '학습하는 것을 배우는' 과정이어야 한다.

학교는 또한 "어린이와 교사, 학교 자체에 대해 공유된 이미지를 지닌 공간이며, 지식, 가치와 정체성의 공동 구성자들인 어린이와 교사가 협력하는 프로젝트의 장"이어야 한다(Rinaldi, 2006: 120). 이러한 관점에서 보면, 영유아학교는 창의성과 공동성, 상호작용이 살아 있는 민주적 배움의 공간이어야 하며, 이는 곧 유보통합 기관의 철학적 기반이 된다.

이러한 미래학교상은 OECD의 Start Strong II 보고서에서도 나타난다. 이 보고서는 학교가 학제 간 지식 기반 위에서 "다양한 출처를 탐색하고, 아이디어를 교환하며, 팀 티칭을 통해 협력적으로 학습하는 공동체"가 되어야 한다고 강조한다(OECD, 2006: 222).

또한, 생애초기 영유아학교는 유아교육과 보육이 서로 얽혀 짜여지면서 지속적으로 발전하는 장(場)이 되어야 할 것이다. 이와 같은 통합적인 학교 모델은 뉴질랜드의 유아교육과정 '테 파리키(Te Whāriki)'에서도 잘 나타난다. 마오리어로 모두가 올라설 수 있도록 '잘 짜인 매트'를 뜻하는 이 개념에서 다양한 패턴과 실은 유아교육의 여러 맥락과 다원적 문화 정체성을 상징하며, 뉴질랜드의 여러 유아교육 관계 집단의 관점이 어우러진 산물이다(May, 2011; Nuttall, 2003). 즉, 유아교육과 보육, 다양한 문화적 가치와 관점들이 조화롭게 얽혀 이루어지는 교육공동체를 상징한다. 따라서 테 파리키와 같이 우리나라의 생애초기 영유아학교는 0~5세 영유아가 튼튼히 올라설 수 있는 촘촘하게 잘 짜나가는 매트와 같아야 할 것이다.

Margaret Carr는 마오리족의 실용적 혼합(hybrid) 정신이 뉴질랜드에서 유보통합과 유아교육과 학교교육 간의 연결이 가능하도록 했다고 평가하였다(Carr et al., 2013). 지금 우리에게 필요한 것도 바로 이와 같은 실용적 혼합정신이다. 유보통합 이후의 영유아학교는 교육과 보호를 융합적으로 구현하며, 어린이의 삶 전반을 감싸는 다층적이고 창의적인 배움의 장이 되어야 한다. 푸코(Foucault, 1988:155)의 말처럼, "... 우리가 어떤 것에 대하여 예전과 같은 사고 양식으로 더 이상 사고하지 않을 수 있게 되면 현실을 변화시키는 일은 매우 긴박하고, 매우 힘들지만, 매우 가능한 일이 된다." 유보통합이라는 난제를 풀어가는 데 있어, 우리는 기존의 제도적 틀을 넘어서는 새로운 사고방식과 학교 패러다임을 마련해야 한다.

이러한 논의는 유보통합을 단순한 제도 통합이 아닌, 미래 유아교육의 '학교화' 과정에서 어떤 철학과 가치에 기반한 통합기관을 설계할 것인가라는 질문으로 확장하게 한다. 본 장에서는 이러한 맥락에서, 통합기관의 정체성을 '영유아학교'라는 개념을 중심으로 탐색하고, 이를 통해 미래지향적 통합교육 모델의 방향을 제시하고자 한다.

3) 영유아학교와 학교교육과의 관계

> 유아교육과 학교교육의 연계와 관계는 "단지 유아교육기관과 학교간의 협력의 문제만이 아니라 모든 형태의 교육과 평생학습 간의 협력"까지도 관련되는 문제이다(Dahlberg & Lenz-Taguchi, 1994: 1).

유아교육과 의무학교교육 간의 관계는 국내외를 막론하고 오랫동안 논의되어 온 중요한 교육적, 정책적 이슈이다. 영유아학교와 학교교육과의 관계에 있어서는 유아교육과 의무 학교교육 간의 관계만이 아니라 유아교육의 가치와 목적, 개념 및 현장의 실제가 교육의 전체적인 분야로 확장되어 논의할 필요성이 있다. 특히, 유아교육이 학교교육의 사전 준비 단계(preparation)로만 인식되는 경향은 유아교육의 고유한 가치와 정체성을 희석할 수 있다는 비판을 낳고 있다. 유아교육은 독립적인 별개의 부문이 아니라, 전체 교육체계 안에서 유기적으로 연결되어야 하며(Moss, 2013), 그 안에서 고유한 가치와 실천을 발휘할 수 있어야 한다.

뇌과학의 발달과 더불어, 영유아기의 경험이 전 생애에 걸쳐 지대한 영향을 미친다는 연구 결과들이 축적되면서 생애초기 교육의 중요성에 대한 사회적 인식이 빠르게 확산되고 있다. 이에 따라 UN 아동권리위원회(2005)는 "출생에서 전 영유아기에 교육받을 권리"를 강조하며, 이를 아동이 최대한의 발달을 도모할 수 있는 권리(제6조 제2항)와 밀접하게 연관된 것으로 해석하였다. 이러한 권리 기반 접근은 영유아기에 제공되는 교육이 단지 초등학교를 위한 준비 차원이 아니라, 그 자체로 독립적인 교육 단계로서의 위상을 확보해야 함을 시사한다.

그럼에도 불구하고 유아교육기관이 초등학교 중심의 관점과 방식에 종속되는 '학교화(schoolification)' 현상은 여전히 국제적으로도 우려되고 있다. OECD Starting Strong 보고서(OECD, 2006: 62)는 이러한 현상을 경계하며, 유아교육과 의무교육 간의 관계를 "강하고 동등한 동반 관계(strong and equal partnership)"로 전환할 필요가 있다고 강조하였다. 이 같은 동반적 관계는 유아교육이 초등교육에 흡수되는 것이 아니라, 상호 존중과 이해를 바탕으로 각자의 고유한 가치와 전문성을 인정하는 관계이어야 함을 의미한다. 특히 Starting Strong I 보고서(OECD, 2001)는 유아교육과 학교교육 간의 연계가

'단순한 전이'를 넘어서야 하며, 두 체제가 서로로부터 배우고 상호보완적으로 작용할 수 있도록 구성되어야 한다고 주장한다.

> "학교교육 체제와의 강한 동반 관계는 유아교육과 학교가 지닌 다양한 관점과 교육 방식에서 각자의 강점을 살릴 기회를 제공한다. 이러한 관계를 통해 영유아는 양 부문에 축적된 지식과 경험으로부터 혜택을 누릴 수 있으며, 유아교육에서 초등학교로의 전이과정에서도 아동과 가족이 중심이 되는 결정을 함께 만들어갈 수 있다."(OECD, 2001:129)

실제로 유아교육과 보육이 통합된 국가들에서는 유아교육기관과 의무교육기관이 '동반자적인 관계'를 형성할 수 있는 기반이 마련되어 있으며, 유보통합이 이루어지지 않은 국가들에서는 유아교육이 초등학교나 의무교육에 종속되거나 보육과의 간극이 심화되는 경향이 나타난다(Moss, 2013). 따라서 영유아학교는 단지 초등학교로의 준비 기관이 아니라, 생애초기 발달에 적합한 교육을 제공하는 독립적이고 통합적인 기관으로 자리매김해야 한다. 이를 위해서는 유아교육과 의무교육 간의 관계를 수평적 연계의 원칙 위에 재구성해야 한다.

본 장에서는 기존의 유보통합 논의가 유아교육과 보육 간의 기능적 통합에 집중되었던 점을 비판적으로 검토하며, 유보통합 이후 등장할 통합기관이 전체 학교체제 안에서 어떤 위치와 관계 속에 놓여야 하는지를 고찰하였다. 이는 단순한 기관 연계가 아니라, 영유아학교가 교육체제 내 정체성과 위상을 확보하는 방향에 대한 근본적 질문이다.

4) 영유아학교의 법적, 제도적 근거

학교의 정체성은 국제표준교육분류(ISCED)에서 정한 학제와 그 대상 연령에 근거한다. 세계 각국은 자국의 역사, 사회, 문화적 맥락 속에서 발달시켜 온 고유한 교육제도를 가지고 있다. 제도적 고유성으로 인해 국가 간 직접 비교가 어려우므로 UNESCO에서는 각 국가의 교육체제와 관련된 교육통계 자료를 수집하고 관리하며 비교할 수 있는 국제표준교육분류(ISCED: International Standard Classification of Education)를 제정하였다.

영유아학교의 법적 제도적 근거도 1976년 처음 제정된 UNESCO가 규정한 국제표준교육분류(ISCED)를 통해 볼 수 있다. 이 지표는 유아기부터 대학교육까지의 각급 학교제도를 국제적으로 비교할 수 있다. 2011년 ISCED 개정에서는 ISCED 0단계로 분류되는 영유아기 교육을 다시 0~2세 교육인 '유아발달(Early childhood development)'과 3~5세 교육인 '유아교육(Pre-primary education)'으로 범주와 내용을 세분화하여 제시하였다(표 3-4 참조). 이 개정은 유아교육을 하나의 학제로 구분함으로써 영유아교육의 범위와 경계를 확장하였고, 기초교육을 유아교육단계로 하향화하였다는 점에서 의미가 있다(박은혜, 신은수, 2012). 따라서 ISCED 2011 교육단계에 의거 0~5세 교육은 유아교육단계로서 하나의 학제임을 확인할 수 있다. ISCED의 2011 개정은 유아교육에 주는 시사점이 크며, 이에 대해 박은혜와 신은수는 세 가지 측면에서 의의가 있다고 하였다. 첫째, 유아교육단계가 초등 이전 단계가 아닌 하나의 학제로서의 정체성을 찾은 것이다. 둘째, 3세 미만의 유아들의 교육도 유아교육단계에 포함시킨 것이다. 이는 OECD가 Starting Strong III 보고서에서 3세 미만 영아의 교육을 강조한 것과 같은 맥락으로, 영아의 발달과 교육의 중요성을 강조하면서 학제로 포함시킨 것이다. 셋째, ISCED 단계 내에서 기초교육의 확대 측면에서 의미가 있다. 2011년 개정에서는 ISCED 97의 초등교육에서 시작되었던 기초교육과 달리 0단계 유아교육단계부터 후기중등교육단계(ISCED 3)까지 기초교육에 포함시키는 것으로 본 것이다(UNESCO, 2012).

표 3-4 ISCED 유아교육 단계 및 범주

ISCED 2011 단계	범주
0 유아교육(early childhood education)	0.1 유아발달(early childhood development)
	0.2 유아교육(pre-primary education)
1 초등교육(primary education)	
2 전기중등교육(lower secondary education)	2.1 일반교육(general education)
	2.2 직업교육(vocational education)
3 후기 중등교육(upper secondary education)	3.1 일반교육(general education)
	3.2 직업교육(vocational education)
4 중등후 비고등교육(vocational education)	4.1 일반교육(general education)
	4.2 직업교육(vocational education)
5 고등교육; 단기 수준(tertiary education; short cycle)	5.1 일반교육(general education)
	5.2 직업교육(vocational education)
6 고등교육; 학사 학위 수준 또는 동등 학위(tertiary education; bachelor level or equivalent)	6.1 장기 첫째 학위(long first degree)
	6.2 첫 번째 학위(first degree)
7 고등교육; 석사학위 수준 또는 동등 학위(tertiary education; master level or equivalent)	7.1 장기 첫째 학위(long first degree)
	7.2 두 번째 학위(second degree)
	7.3 추후 학위(further degree)
8 고등교육; 박사학위 수준 또는 동등 학위(tertiary education; doctoral level or equivalent)	

출처: UNESCO(2012). International Standard Classification of Education: ISCED 2011.

ISCED 교육단계의 이해에서 중요한 것은 교육단계의 구분은 단계 자체로 나누고 있으며 단계 내의 범주는 교육의 강조점을 설명하기 위한 기능을 하고 있다는 점이다(표 3-5 참조). 따라서 이 범주는 교육단계의 구분으로 이해되어서는 안 되며, 단지 0~2세와 3~5세의 연령별 범주를 나타낼 뿐, 교육단계 자체를 정의하는 것은 아니다. 따라서 ISCED 0단계인 0~5세 유아교육 단계는 명확하게 정의된 의도적 교육요소(international education component)를 가지고 있어야 한다. 여기서의 교육요소는 의무 학교교육과 같은 구조화된 학습을 의미하는 것이 아니라 기관에 기반을 둔 환경에서 일련의 조직화되고 교육적 의도를 가진 학습활동(organized and purposeful set of learning activities)이 이루어지도록 하는 것을 의미한다(UNESCO, 2012). 다음 〈표 3-5〉에는 ISCED 0단계의 범주와 내용을 제시하였다.

표 3-5 ISCED 0단계의 범주와 내용

분류 범주	내용	비고
분류 범주 1	교육적 특성 프로그램	교사와의 상호작용과 교육내용
분류 범주 2	기관 맥락	학교 또는 기관 기반. 단순 돌봄 제외
분류 범주 3	특정 연령 유아 대상	0~5세 대상. 0~2세와 3세 이상 초등입학 전으로 구분할 수 있음
분류 범주 4	수업시수와 수업일수	1일 2시간 이상의 교육과 연간 100일 이상의 수업일수
분류 범주 5	교직원 자격	교직을 이수한 교사
분류 범주 6	법령 체제	교육과 관련된 부처에서 고시한 교육과정이나 지침
분류 범주 7	의무교육 여부	

출처: UNESCO(2012). International Standard Classification of Education: ISCED 2011.

또한, 유아학교의 정체성은 교육제도로 인정받기 위한 속성을 가지고 있을 때 학교로서의 제도적 정체성을 가질 수 있다. ISCED 2011 지침서에서는 한 나라의 유아교육제도가 국제교육단계 표준으로 구분되기 위해 다음과 같은 0단계의 7가지 범주를 만족시켜야 한다고 명시하였다.

첫째, 가장 먼저 제시한 분류 범주 1에서는 ISCED 0단계는 교육적 특성을 가지고 있어야 한다고 하였다. 따라서 0단계에 속하는 0~5세 유아들에게 교육적 특성을 가지고 교사와 상호작용과 교육내용을 포함한 활동 기회를 제공해야 하는 것을 의미한다. 둘째, 분류 범주 2에 의하면 ISCED 0단계는 단순 돌봄을 제외한 0~5세 유아를 대상으로 하는 학교나 기관에 기반을 둔 프로그램이어야 한다고 하였다. 셋째, 연령에 대한 분류 범주 3에서는 ISCED 0단계가 0~5세 전체를 대상으로 하지만 그 안에서 연령, 단계, 주기 등으로 구분할 수 있다고 하였다. 넷째, 분류 범주 4와 5에서는 ISCED 0단계로서 인정하기 위한 수업시수와 수업일수를 규정하고, 교직원의 자격을 구체적으로 구분하고 있다. ISCED 2011에서는 ISCED 0단계 교육은 교육학(pedagogy)을 이수하고 적합한 교육을 받았음을 인정하는 교사 자격증이 있는 교사가 담당하도록 하고 있다. ISCED 0단계에서도 다른 단계의 교사들과 동등하게 교육학을 이수한 교사의 자격을 강조한다. 여기서 강조되는 것은 교육학적 훈련(pedagogically trained) 여부이다. 다섯째, 분류 범주 6은 국가수준 교육과정 또는 지침이 있어야 한다는 것이다. 마지막으로 분류 범주 7은 의무교육 여부인데 이는 국가의 상황에 따라 적용하도록 하였다.

따라서 본 장에서는 위에서 살펴본 ISCED 0단계인 0~5세 유아교육단계의 7가지 기준에 따라 우리나라 미래 영유아학교의 제도적 정체성 요건을 도출하였고 이를 〈표 3-6〉에 제시하였다.

표 3-6 ISCED 0단계의 기준에 따른 영유아학교의 제도적 정체성 요건

분류 범주	ISCED 0단계 기준	영유아학교의 적용 요건
1. 교육적 특성	교사와의 상호작용, 교육내용 포함	영유아발달과 교육 중심의 프로그램
2. 기관 맥락	학교 또는 기관 중심 운영	학교 또는 기관 중심 운영
3. 대상 연령	0~5세 대상	0~5세 대상
4. 수업 시수 및 일수	하루 2시간 이상, 연간 100일 이상	교육과정 편성 및 운영기준 충족
5. 교직원 자격	교육학적 훈련받은 교사	교육적 전문성 갖춘 교사
6. 법령 체제	교육 관련 부처 지침 기반 운영	교육부 교육과정 · 운영지침 반영
7. 의무교육 여부	명시된 경우 포함 가능	(선택 사항: 국가 정책에 따라 상이)

이를 종합해 볼 때 생애초기 영유아학교는 교육적 속성을 지니며, 0~5세 영유아를 위한 학교 또는 기관 형태의 교육체제를 갖추어야 한다. 또한, 수업일수가 명시된 교육과정을 기반으로, 교육이론과 교수법 등에 대해 전문적으로 훈련받은 교육적 전문성을 갖춘 교사에 의해 운영되어야 한다. 이러한 특성은 한 나라의 가장 초기 단계의 교육체제를 구성함에 있어, 국제분류 기준을 통해 영유아학교의 정체성을 도출할 수 있는 근거가 됨을 보여준다.

3. 유보통합과 미래 영유아학교의 방향

본 장에서는 유보통합을 이해하기 위한 하나의 분석 틀로서 통합수준 분류체계를 적용하여 우리나라 유보통합 정책의 구조적 특성을 고찰하였으며, 각 정부의 정책 동향을 중심으로 지난 30여 년간 유보통합의 역사적 전개 과정을 시대 순으로 분석함으로써 반복되는 정책적 흐름과 한계를 확인할 수 있었다. 또한, 생애초기 학교의 정체성을 교육, 보육, 보호/돌봄

개념과 연계하여 재조명하였고, 미래사회에서 학교가 수행하게 될 다원적이고 복합적인 기능을 고려하여 영유아학교의 개념, 학교교육 체제와의 관계, 법적 · 제도적 근거 등을 점검하였다.

이러한 이론적 · 정책적 고찰을 바탕으로, 먼저 미래사회를 전망해 본 후 유보통합의 핵심 가치인 영유아 권리를 중심으로 통합기관의 제도적 위상, 유아교육학의 학문적 정체성, 교원 자격 및 양성체계, 교육과 돌봄의 융합적 학교 운영 방식 등을 중심으로 미래 영유아학교 체제 재구성의 방향에 대해 논의하고자 한다.

1) 미래사회의 전망: 예측불가능, 저출생

우리는 변화의 속도가 빠른 시대에 살고 있다. 사회변화는 우리의 삶과 교육에도 변화를 가져오고 있다. 모든 것이 빠른 속도로 변화하기만 사회구조나 정책은 그 변화속도에 따라가지 못하면서 불확실성이 두드러지게 나타나게 되고 교육현장도 당연히 불안하게 된다. 우리는 예측불가능한 사회에 살고 있다고 해도 과언이 아니다. OECD 교육 2030에서는 미래사회가 VUCA의 특성을 갖는다고 하였다(OECD, 2019). 즉, 예측 불가능한 변화의 양상(Volatility)을 갖고, 불확실하고(Uncertainty), 복잡하며(Complexity), 모호하다(Ambiguity)는 것으로 미래사회를 특징지을 수 있다고 하였다.

특히 우리나라는 심각한 초저출생을 맞이하게 되면서 사회 전반에 극심한 변화와 위기감이 고조되고 있다. 초저출생은 그 영향을 처음 맞이하게 되는 영유아교육 부문에 위기의식을 가져오고 있는 실정이다. 그러나 다른 관점에서 보면, 극심한 변화로 발생한 위기는 다시 교육을 제대로 살릴 기회로 볼 수 있으며, 교사 대 아동의 비율을 낮추고 지속적으로 요구되었던 교사의 처우개선과 공립 유아학교 확대 등의 정책으로 교육의 질적 수준을 고양할 수 있다고 볼 수 있다.

통계청(2023)의 2022~2072년의 장래인구추계에 의하면 2022년 중위연령은 44.9세였지만 2072년에는 63.4세로 예측하여 저출생 고령화 사회로 변화될 것을 발표하였다. 중위 추계에 따르면, 2022년 188만 명(3.6%), 2040년 163만 명(3.3%), 2072년 96만 명(2.7%) 수준으로 감소할 전망이라고 하여 교육과 보호 대상의 급격한 감소를 예측할 수 있다. 특히, 영유아인구는 2022년에 비해 2025년 현재 151만 명으로, 36만 명이 감소됨에 따라 전국의 어린이집과 유치원의 폐원 또한 증가하고 있다.

표 3-7 유소년 인구, 학령인구 및 청년 인구(2022~2072년)

(단위: 만 명, %)

시나리오	구분		2022	2023	2024	2025	2030	2040	2050	2060	2072
중위추계	총인구		5,167	5,171	5,175	5,168	5,131	5,006	4,711	4,230	3,622
	유소년 (0~14)	인구	595	571	549	526	416	388	375	293	238
		구성비	11.5	11.0	10.6	10.2	8.1	7.7	8.0	6.9	6.6
	영유아 (0~5)	인구	188	173	162	151	140	163	140	99	96
		구성비	3.6	3.4	3.1	2.9	2.7	3.3	3.0	2.4	2.7
	학령인구 (6~21)	계	750	730	715	698	597	412	425	377	278
		초 (6~11)	270	261	248	234	161	156	153	123	94
		중 (12~14)	137	136	138	140	115	68	83	71	48
		고 (15~17)	132	136	138	137	133	69	82	74	52
		대 (18~21)	210	197	190	187	188	119	108	109	85
	대학진학대상 (18세)		48	45	44	46	47	26	27	26	19
	청년인구 (19~34)		1,061	1,056	1,044	1,025	915	722	511	482	450

시나리오	구분		2022	2023	2024	2025	2030	2040	2050	2060	2072
고위추계	총인구		5,167	5,172	5,185	5,188	5,215	5,244	5,095	4,740	4,282
	유소년 (0~14)	인구	595	571	550	530	444	480	480	394	370
		구성비	11.5	11.0	10.6	10.2	8.5	9.1	9.4	8.3	8.6
	영유아 (0~5)	인구	188	174	163	155	165	206	180	141	154
		구성비	3.6	3.4	3.1	3.0	3.2	3.9	3.5	3.0	3.6
	학령인구 (6~21)	계	750	730	716	699	601	467	534	488	399
		초 (6~11)	270	261	249	235	163	192	196	162	146
		중 (12~14)	137	136	139	140	116	81	105	91	70
		고 (15~17)	132	136	138	137	133	73	102	95	72
		대 (18~21)	210	197	190	187	189	121	132	139	111
	대학진학대상 (18세)		48	45	44	46	47	27	33	33	26
	청년인구 (19~34)		1,061	1,056	1,048	1,031	932	748	568	603	582
저위추계	총인구		5,167	5,171	5,166	5,150	5,051	4,774	4,333	3,742	3,017
	유소년 (0~14)	인구	595	570	547	524	395	304	273	207	139
		구성비	11.5	11.0	10.6	10.2	7.8	6.4	6.3	5.5	4.6
	영유아 (0~5)	인구	188	173	161	150	121	121	101	67	53
		구성비	3.6	3.4	3.1	2.9	2.4	2.5	2.3	1.8	1.8
	학령인구 (6~21)	계	750	730	714	696	593	366	321	272	184
		초 (6~11)	270	261	248	234	159	124	110	89	55
		중 (12~14)	137	136	138	140	115	58	61	51	31
		고 (15~17)	132	136	138	137	132	66	62	53	36
		대 (18~21)	210	197	189	186	187	117	87	80	62
	대학진학대상 (18세)		48	45	44	46	47	26	21	19	14
	청년인구 (19~34)		1,061	1,056	1,041	1,019	897	697	462	372	327

출처: 통계청(2023.12.13). 장래인구추계: 2022~2072년 보도자료. p.15.

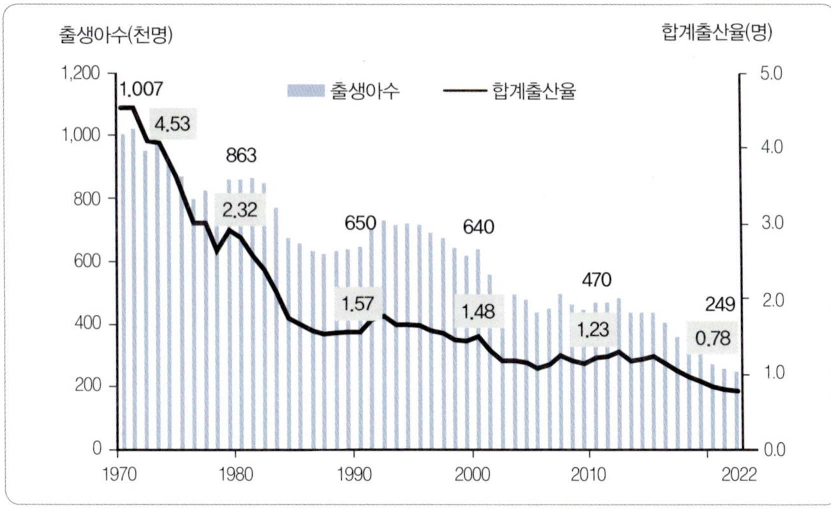

그림 3-1 출생아 수 및 합계출산율(1970~2022년)

출처: 통계청(2023). 장래인구추계: 2022~2072년 보도자료. p.24

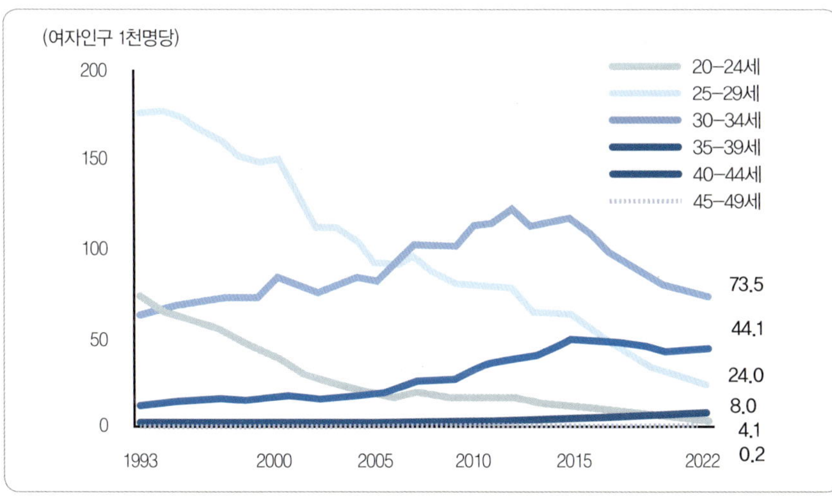

그림 3-2 연령별 출산율(1993~2022년)

출처: 통계청(2023). 장래인구추계: 2022~2072년 보도자료. p.24.

또한, 육아정책연구소의 2023년 연구에 의하면(이재희 외, 2023), 2022년 0~6세 영유아 인구대비 장래추계 인구 증감률을 추산한 결과, 2024년 -11.8%p, 2027년 -21.5%p 감소하는 것으로 나타났다.

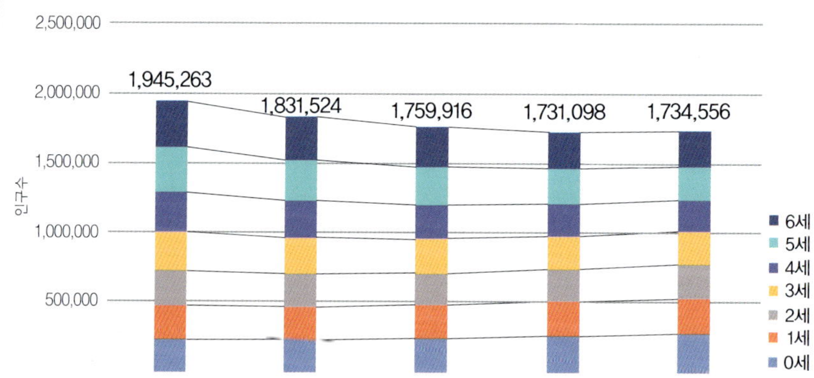

0	2024	2025	2026	2027	2028
6세	344,439	316,237	286,877	267,303	254,238
5세	316,758	287,336	267,710	254,608	240,912
4세	287,843	268,158	255,015	241,285	230,115
3세	268,436	255,251	241,488	230,288	232,124
2세	255,273	241,476	230,246	232,067	245,666
1세	241,499	230,234	232,046	245,672	258,917
0세	231,015	232,832	246,534	259,875	272,584

그림 3-3 영유아(0~6세) 인구 수 추이(중위 추계): 2024~2028년

출처: 이재희, 양미선, 윤소정, 김종근, 구형모(2023). 저출생시대육아인프라추이분석 및 대응방안(Ⅱ). p.39.

향후 어린이집과 유치원 기관 수 및 재원 영유아 수 추이를 중이 추계로 살펴보면, 2027년 기준 전국적으로 2022년 대비 어린이집과 유치원에 재원하는 영유아의 수가 355,005명 감소될 것으로 예상되었다. 이때 재원 영유아 수의 감소 수가 가장 많은 시, 도는 경기도로 89,219명의 영유아 수 감소 예상된다. 또한, 2028년을 기준으로 볼 때 전국적으로 2022년 대비 어린이집과 유치원에 재원하는 영유아의 수가 525,193명 감소될 것으로 예측되었고, 이렇게 감소되는 영유아의 수로 인해 2028년에는 어린이집과 유치원 8,331개소가 감소될 것으로 예측되었다.

이렇게 우리는 가르칠 대상인 학생들이 없어지는 현상을 목도하고 있다. 2030년은 2005년 대비 유치원 학령인구의 35.3% 감소가 예측되는 상황에서 대비가 너무 늦은 것은 아닐까? 학계와 사회적으로 인구감소에 대비해야 한다는 강연과 토론은 많았지만 국가 정책적으로 너무 늦게 대응하고 있는 것은 아닌가 한다. 예를 들어 의학계는 이미 영유아 인구 감소 변화 이전에 선제적으로 대응한 결과, 산부인과와 소아청소년과는 수요보다 공급이 심하게 감소하고 있으나 그에 비해 어린이집과 유치원의 경우는 수요-공급 변화 대응이 매우 늦은 상황이다. 이제라도 전체적인 대응책을 마련해야 하기 위해 유보통합 정책을 통해 전국적인 수요와 공급을 확인하여 중앙정부 차원의 대응책이 마련되어야 할 것이다.

2) 미래사회 영유아학교 체제 재구성

본 장에서는 유보통합을 단순한 제도 조정이나 행정 통합의 문제로 보지 않고, 영유아의 권리보장을 중심으로 한 국가 교육체계 전환의 과제로 접근하였다. 따라서 본 절에서는 영유아 권리 기반의 철학적 전환, 통합기관의 학교체제 편입을 통한 제도화, 영유아학교 개념의 정의와 교육 공간의 전환 및 유보통합에 따른 유아교육학의 학문적 정체성 확장을 중심으로 미래 영유아학교 체제 재구성의 방향에 대해 살펴보기로 한다.

(1) 유보통합의 철학적 기반: 영유아 권리 중심의 정책 패러다임

유보통합은 단순히 유아교육과 보육이라는 제도적 이원체계를 행정적으로 조정하는 것을 넘어, 영유아의 권리를 중심에 두고 국가의 교육철학과 사회적 책임을 재정립하는 정책적 전환이라고 할 수 있다. 이는 생애초기 아동이 단순한 보호의 대상이 아니라 학습과 성장의 주체이며, 그 권리를 제도적으로 보장받아야 함을 전제로 한다. 「교육기본법」 제3조는 모든 국민이 평등하게 교육을 받을 권리를 가진다고 명시하고 있으며, 특히 제12조부터 제17조에 이르기까지 교육 당사자로서 학습자, 보호자, 교원, 국가 등의 권리와 의무를 규정하고 있다. 따라서 학습자로서의 영유아 역시 이러한 권리 체계 속에 포함되며, 유보통합 정책은 바로 이 권리의 실현을 위한 국가적 장치라 할 수 있다.

최근 교육부 영유아교육보육통합추진단(2023)이 발표한 정책안에서도 유보통합은 우리나라 0~5세 영유아들이 출생에서부터 배움과 돌봄을 동등하게 보장받도록 '아동 이익 최우선의 아동권리'에 기초한 유아 중심의 교육 보육 구현에 있다고 하였다. 결국, 유보통합은 영유아의 권리를 최우선 가치로 삼는 국가 전략이며, 이는 곧 0~5세 영유아를 위한 새로운 교육 · 돌봄 시스템, 즉 학제 기반의 통합 교육체계 수립을 요구한다.

(2) 학교체제 편입을 통한 영유아학교의 정체성 정립과 제도화

① 유보통합 기관의 '학교'로서의 정체성 확보

유보통합은 단순히 유아교육과 보육의 행정 통합에 그치지 않고, 통합기관의 정체성을 '학교'로 재정립하려는 철학적 전환을 수반한다. 이는 단순한 제도 개편을 넘어, 영유아를 학습과 성장의 주체로 인정하고, 생애 초기부터 교육을 국가가 책임져야 한다는 교육철학의 변화를 의미한다. 통합기관이 교육부 소속 학교체제에 편입되어야 한다는 논의는, 유아교육과 보육이 통합된 0~5세 생애초기 학제로 재구성되어야 함을 전제로 한다. 이 과정에서 통합기관은 단순한 복지시설이 아닌, 법적 지위를 갖는 공교육 기관으로서의 역할과 위상을 확보해야 한다.

유보통합이 새로운 '0~5세 영유아학교' 체제로의 대전환을 통해, 영유아학교에서 시작하여 대학 및 평생교육 학교로 이어지는 국가책임 교육체제를 완성하는 과정임이 강조되고 있다(임재택, 2024). 이에 따라 '영유아학교'는 단순한 명칭 변경이 아닌, 제도적 위상과 학제 구조의 재설계를 포함하는 전환으로, 유아기 아동의 교육과 보호, 돌봄을 통합적으로 제공하는 학교로 재개념화되어야 한다. 초등학교 입학 이전의 학습 주기를 독립된 교육

단계로 인정받아야 하며, 이는 '배움과 돌봄의 책임교육 공동체' 개념(성열관, 이순철, 2010)을 생애초기 교육단계로 확장하는 철학적 실험이자, 통합기관이 실질적인 공교육기관으로 자리 잡기 위한 핵심 정체성 확립 과정이다.

② 학교체제 내 통합기관의 제도적 기반 마련

가. 통합모델의 학교체제 내 구축

영유아학교의 정체성 확립을 실현하기 위해서는, 통합기관이 교육부의 학교체제 내로 제도적 편입이 이루어져야 한다. 이는 유아교육기관이 초·중등학교와 동일한 법적 위상과 행정체계를 갖는 '학교'로서 설계되어야 함을 의미한다. 현재 유치원이 「유아교육법」에 따라 학교로 인정되고 있는 점을 고려할 때, 0~5세를 포괄하는 통합기관 또한 학교로 제도화되어야 정책 일관성과 제도적 정합성을 확보할 수 있다.

학교로서의 제도화를 통해 통합기관은 행정·재정적 지원, 교원 배치, 교육과정 운영, 평가체계 등에서의 일관성과 지속 가능성을 보장받을 수 있다. 이는 유보통합기관이 공교육 체계 내에서 안정적으로 운영되기 위한 실천적 기반이며, 국가책임 하의 교육체계 안에서 생애초기 교육이 정착되기 위한 핵심 전제라 할 수 있다.

나. 교원 전문성 확보를 위한 체제 정비

통합된 기관이 학교로 운영되기 위해서는 교원의 전문성이 뒷받침되어야 하며, 이를 위한 자격제도 및 양성체계의 개편이 필수적이다. 영유아교원 전문성 논의의 전제는 0~5세 영유아 통합교원 자격 및 양성제도가 학교체제에 적합한 전문성을 갖춘 자격 및 양성기준과 초중등교원 자격 및 양성제도와 계열성을 같이 하는 체제로 구축되어야 한다는 것이다. 유치원은 학교로서 유-초-중등학교와 교원 정책의 계열성과 연속성을 갖고 있다.

따라서 유보통합 정책으로 교육과 돌봄이 한 단계 업그레이드된 정책을 펼치기 위해서는 학교와 교원양성체계의 방향을 따라야 할 것이다. 유보통합은 이러한 이원적 교원체계를 일원화하고, 0~5세를 아우르는 통합교원 자격제도를 마련함으로써 교원 전문성의 계열성과 연속성을 확보해야 한다(권정윤, 2024b). 나아가 초 · 중등교원 자격 체계와의 연계를 통해 교육의 질을 보장하고, 유보통합기관의 안정적 운영 기반을 마련할 수 있다.

다. 교육과 돌봄의 융합적 학교 운영

교육과 돌봄의 융합은 유보통합기관이 갖추어야 할 핵심 운영 방식이다. 특히 코로나 팬데믹 이후, 학교가 단순한 학습공간을 넘어 사회적 돌봄의 기능을 수행해야 한다는 인식이 확산되었다. 팬데믹 기간 동안 학교 및 보육기관의 휴원으로 인한 돌봄 공백이 나타났고(최윤경, 2020), 이는 교육기관이 곧 사회적 돌봄 기관이라는 인식을 강화했다. 교육은 돌봄과 본질적으로 친화적 관계에 있으며, 돌봄과 교육의 통합은 오늘날 학교의 새로운 정체성을 구성하는 핵심 요소로 자리 잡았다(이형빈, 2023).

③ 새로운 유아학교 개념을 위한 가치 전환

영유아학교는 '교육과 보호를 함께 제공하는 학교'라는 협소한 정의를 넘어, 배움과 돌봄이 유기적으로 통합되고, 교사와 아동이 관계 속에서 지식을 공동 구성해가는 민주적 공간으로 재정의되어야 한다. 이는 레지오 에밀리아의 Rinaldi(2006)가 제안한 '항구적 실험실'로서의 학교 개념과도 닿아있다. 또한, 국가 교육체제 전반에서 0~5세 영유아교육기관이 유아-초등-중등-고등-대학으로 이어지는 수직적 연계와 수평적 협력의 시작점이 되도록 재정립되어야 한다. 이는 단순한 제도 개편이 아닌, 교육체계 전반의 구소와 가치지향의 근본적인 변화로 이어져야 한다.

④ 유보통합에 따른 유아교육학의 학문적 정체성 확장

유보통합은 유아교육학이라는 학문 자체에도 본질적인 변화를 요구하고 있다. 유아교육학은 원래부터 아동의 전인적 발달을 위해 교육과 보호를 통합적으로 탐구해 온 학문이었다. 그러나 과거 제도적 이원화 속에서는 교육 중심의 유치원과 보호 중심의 어린이집이 분리 운영되었고, 이에 따라 유아교육학의 실천적 적용에도 이분법적 경향이 존재했다. 유보통합은 이러한 분리를 해소하고 유아교육학을 '교육과 돌봄의 융합학'으로 심화시킬 수 있는 가능성을 제시한다.

특히 유보통합은 유아교육학의 학문적 정체성을 단순히 교육이나 보호와 돌봄을 넘어서 생애초기 아동의 삶을 전인적으로 이해하고 지원하는 포괄적 학문으로 확장한다(권정윤, 2024a). 이는 유아교육학의 전문성을 보호 중심 또는 교육 중심 어느 한쪽에 편중시키는 것이 아니라, 두 영역의 경계를 허물고 하나의 통합된 전문성 체계로 고도화하는 과정이라 할 수 있다. 다시 말해, 유보통합은 유아교육학을 생애초기학교학 혹은 영유아기 공교육학으로 자리매김하는 기반이 되며, 이는 학문적 진화의 중요한 계기가 된다.

이상과 같이, 유보통합은 단순한 기관의 통합이나 명칭의 변경을 넘어, 생애초기 영유아교육기관의 학제적 위상 정립, 전문성 제고, 그리고 미래 학교 개념의 재구성이라는 중대한 과제를 내포하고 있다. 유보통합이 진정한 교육개혁으로 자리 잡기 위해서는, 영유아학교가 법제적 정체성, 제도적 기반, 철학적 가치를 모두 갖춘 통합 교육기관으로 발전해야 한다.

본 장에서는 유보통합 정책을 중심으로, 통합수준 분류와 역사를 고찰하였고, 유보통합을 중심으로 한 영유아학교의 역사적 기원, 제도적 기반, 교육적 가치, 그리고 학교체제 내 정체성을 탐색함으로써, 미래 영유아학교의 방향성과 국가 교육체제 내 위상을 종합적으로 탐색하고자 하였다. 유아교육과 보육의 통합은 단순한 정책 통합이 아니라, 생애초기 교육의 공공성과 정체성을 새롭게 규정하는 교육체제의 구조 개편이라는 점에서 교육사적으로 큰 의미를 지닌다.

특히, 본 장에서는 이러한 영유아학교의 정립을 위한 몇 가지 핵심 방향을 제안하였다. 첫째, 영유아 권리를 중심에 둔 교육철학의 재정립, 둘째, 국기 교육체제 내에서 영유아학교의 위상을 통합모델로 정립, 셋째, 배움과 돌봄이 유기적으로 융합된 학교운영 패러다임의 구축, 넷째, 전문성과 계열성을 갖춘 통합교원 자격제도의 마련, 다섯째, 제도 개편을 넘어서는 교육체계의 존재론적 전환이다. 이는 단지 유보통합에 그치지 않고, 교육의 생태적 전환기 속에서 공생의 교육공동체(김용련, 2024)로 나아가는 교육철학의 실천이기도 하다.

우리 또한 유보통합이라는 유아교육과 보육의 전환기를 맞이하고 있다. 유보통합이라는 정책적 전환과 그에 따른 제도적 전환은 우리가 그간 익숙했던 이분법적 사고에서 탈피하고 인위적, 분절적 유아교육과 보육의 관념에서 벗어나, 온전한 0~5세 교육으로의 생태계 복원의 시점이 대두했음을 알리는 것이다. 지금은 유아교육과 보육, 돌봄에 관한 왜곡된 논쟁을 넘어 본질적 정의에 기초한 담론과 실천으로 나아가야 할 시점이다. 영유아 중심, 영유아의 권리가 새로운 영유아교육제도(ECEC)의 근본 가치가 되어야 하며, 가르침과 배움과 돌봄의 통합적 특성을 갖추는 영유아학교로 자리매김해야 할 것이다.

참고문헌

고민정, 권건일 (2007). 유아교육과 보육의 통합방안 고찰. **유아교육·보육행정연구, 11**(3), 49-79.

교육부 (2023.01.30). [카드뉴스] **유보통합을 추진합니다**. 교육부.

교육부 영유아교육 · 보육통합추진단 (2023). **차근차근 유보통합 준비하기**. 교육부.

국가법령정보센터(http://www.law.go.kr).

국무조정실 교육문화여성정책관실 (2014.02.14). **국무총리 소속 영 · 유아 교육 · 보육 통합추진단' 14일 공식 출범!**. 보도자료.

권정윤 (2024a). 주제 강연: 유아교육과 보호(ECEC)의 본질 탐색을 통해 나아갈 길을 묻다. **한국유아교육학회 2024 춘계학술대회자료집**. 43-60. 순천향대학교 인문과학관 대강당.

______ (2024b). 교원 전문성 향상을 위한 영유아 통합교원 자격제도의 방향. **2024년 4차 교육정책네트워크 교육정책 토론회 자료집**-미래교육을 위한 영유아 교원 전문성 향상 과제. 3-13. 서울교육대학교 사향융합체육관 그랜드홀.

김대현 (2007). 배움과 돌봄 학교공동체의 이념 탐색과 교육과정 운영 방안. **교육사상연구, 21**(2), 101-122. https://doi.org/10.17283/jkedi.2007.21.2.101

김영옥 (1995). **한국 현대 유아교육사**. 양서원.

김용련 (2024). 생태적 전환을 위한 교육공동체의 역할과 과제: 지속가능한 유아교육 방향 탐색. **2024 한국육아지원학회 춘계학술대회 자료집**, 1-14.

박은혜, 신은수 (2012). 2011 국제표준교육분류 0단계(ISCED 0)에 기초한 누리과정의 유아교육제도로서의 의미. **유아교육학논집, 16**(2), 341-356. https://doi.org/10.17919/jcye.16.2.2012.341

박은혜, 장민영 (2014). 통합 요소별로 살펴본 8개국의 유아교육과 보육 통합 현황 비교. **교육과학연구, 45**(1), 149-180. https://doi.org/10.15854/jes.2014.03.45.1.149

베이비뉴스 (2024.07.25). OECD "대한민국 유보통합 긍정적 조치, 제대로 시행돼야". 전아름 기자.

서문희, 안재진, 유희정, 이세원 (2009). **보육정책 개편방안 연구-영유아보육법을 중심으로-**. 육아정책개발센터.

성열관, 이순철 (2010). **혁신학교**. 살림터.

송치숙, 박종배 (2019). 분리와 통합의 측면에서 본 근대 이후 한국 유아교육과 보육의 역사. **교육사학연구, 29**(1), 31-52. https://doi.org/10.14571/josar.2019.29.1.31

유아교육발전추진위원회 (2000.11.01). **유아교육 발전 종합 대책(안)-유아학교체제 구축을 중심으로-**. 교육부 장관 보고자료.

육아정책연구소 (2024). 영유아교육 · 보육 통합기관 명칭, 어떻게 할 것인가? 공청회 자료집. 1-63. 서울교육대학교 사향융합체육관 그랜드홀.

이기숙, 장영희, 정미라 (2014). **유아교육 개론**. 양서원.

이유미 (2016). 유아교육과 보육의 통합방안에 대한 보육교사의 선호도분석. 중앙대학교 대학원 석사학위논문.

이윤진 (2006). **일제하 유아보육사 연구**. 혜안.

이일주 (2006). **유아교육체제의 변화 전망과 학제 발전과제**. 제2회 학제 연구정책 토론회 교육체제 변화 전망과 학제. 한국교육개발원.

_____ (2014). 유아교육과 보육통합 추진 쟁점과 방향. 한국포괄영유아 · 아동교육지원학회 2014년도 제1차 교사연수 자료집, pp. 2-40.

_____ (2016). **유보통합의 추진 현황과 향후 발전 과제**. 제13차 미래교육포럼.

이재희, 양미선, 윤소정, 김종근, 구형모 (2023). **저출생시대 육아인프라 추이 분석 및 대응방안(II)**. 육아정책연구소.

이정욱 (2015). 단계별 유아통합에 대한 비판적 고찰. **유아교육연구, 35**(6), 221-240. http://10.18023/kjece.2015.35.6.011

이형빈 (2023). '돌봄의 교육'을 위한 시론: 교사-학생 관계, 학교문화, 교육과정으로서의 돌봄. **교육비평, 52**, 103-136. https://doi.org/10.23119/er.2023.52.103

임미령 (2024). 유보통합의 역사와 현재. 김명하, 임재택, 임미령 ... 외(편). **유보통합, 새로운 영유아교육의 패러다임을 향하여**(pp. 23-51). 정민사.

임재택 (2024). 유보통합, 함께 가는 험난한 여정에서. 김명하, 임재택, 임미령 ... 외(편). **유보통합: 새로운 영유아교육의패러다임을 향하여**(pp.11-20). 정민사.

장명림 (2013). 주제 강연: 유보통합모형 탐색과 통합 추진 현황. **한국유아교육학회 2013년 추계학술대회자료집**, 74-86. 중앙대학교 아트센터.

정미라 (1992). 프랑스 유아교육기관 발달에 관한 연구. **경원대학교 논문집**, 255-276.

지성애, 홍혜경, 이정욱, 장명림 (2015). 유아교육 · 보육 통합 모델 구축. **유아교육연구, 35**(5), 5-29.

최윤경 (2020). 코로나19 육아분야 대응체계 점검: 어린이집 · 유치원 휴원장기화에 따른 자녀돌봄현황 및 향후 과제. **육아정책Brief**. 육아정책연구소.

최윤경, 박창현, 하연섭, 김희수 (2016). **유보통합 정착을 위한 실행 방안 연구**. 육아정책연구소.

최은영 (2015). 한국 유아교육과 보육 통합의 선결 과제. **육아정책연구, 9**(1), 257-277.

최은영, 문무경, 김은영, 최윤경, 양미선, 강은진…김문정 (2022). **유아교육·보육 통합을 위한 단계적 추진 방안**. 연구보고 2022-02 육아정책연구소.

최은영, 조경진 (2024). **뉴질랜드의 유아교육과 보육**. 세계육아정책동향시리즈 30. 육아정책연구소.

통계청 (2023.12.13). **장래인구추계: 2022~2072년 보도자료**. p.15.

한유미 (2023). 아동권리를 위한 덴마크의 유보통합 역사와 현황. **아동과 권리, 27**(3), 437-453.

황해익, 서현아, 황보영란, 최미현, 송연숙, 최혜진 (2001). 유아학교 체제 구축에 따른 교원자격 전환 연수프로그램 개발 연구. **유아교육연구, 21**(4), 411-436.

Biesta, G. (2015). What is education for? On good education, teacher judgement, and educational professionalism. *European Journal of Education, 50*(1), 75-87.

Carr, M., Clarkin-Phillips, J., & Resink, C. (2013). Tōku mātauranga oranga: Making visible the learning journey from early childhood education into school. *Early Childhood Folio, 17*(1), 36-40. https://doi.org/10.18296/ecf.0124

Dahlberg, G., & Lenz-Taguchi, H. (1994). Förskola och skola-om två skilda traditioner och om visionen om en mötesplats(*Preschool and school-two different traditions and the vision of meeting place*). HLS Förlag.

Dahlberg, G., & Moss, P. (2005). *Ethics and politics in early childhood education.* Routledge Falmer.

European Commission/EACEA/Eurydice (2019). *Key Data on Early Childhood Education and Care in Europe-2019 edition*. Publications Office of the European Union. https://data.europa.eu/doi/10.2797/311274

Foucault, M. (1988). Truth, power, self (R. Martin, Interviewer). In L. H. Martin, H. Gutman, & P. H. Hutton (Eds.), *Technologies of the self: A seminar with Michel Foucault* (pp. 9-15). University of Massachusetts Press.

Kaga, Y., Bennett, J., & Moss, P. (2010). *Caring and learning together: A cross-national study on the integration of early childhood care and education within education* (ED.2009/WS/55). UNESCO.

May, H. (2011). *I Am Five and I Go to School: Early Years Schooling in New Zealand, 1900-2010*. Otago University Press.

Ministry of Education and Science (2010). *Curriculum for preschool lpfö98*. (Rev. 2010). Skolverket.

Moss, P. (2013). *Early childhood and compulsory education: Reconceptualising the relationship*. Routledge.

Nuttall, J. G. (2003). *Weaving Te Whāriki: Aotearoa New Zealand's Early Childhood Curriculum Document in Theory and Practice*(ed). New Zealand Council for Educational Research (NZCER).

OECD (2001). *Starting strong I: Early childhood education and care*. OECD Publishing.

OECD (2006). *Starting strong II: Early childhood education and care*. OECD Publishing.

Rinaldi, C. (2006). *In dialogue with Reggio Emilia: Listening, researching and learning*. Routledge.

Skolverket (2019). *Curriculum for the preschool: Lpfö 18*. Skolverket.

Slinde, T. M. (2012). *Integrated Early Childhood Education and Care (ECEC): Findings from Starting Strong III and Norway's experience*. Network for Early Childhood Education and Care, Ministry of Education and Research.

UNESCO Institute for Statistics (2012). *International Standard Classification of Education: ISCED 2011*. UNESCO-UIS.

나가는 말

우리나라 최초 유치원은 1910년에 설립된 사립기관이었고, 부모들의 자녀교육열에 힘입은 것이었다. 이러한 사실은 당시 우리나라 사회 경제적 상황은 물론 유치원이 당시 정규 학교교육체제 속에 포함되지도 않았음을 고려할 때 놀라울 만한 일이다. 보육시설도 이와 비슷한 시기인 1920년 사회저소득층 여성 노동자들의 자녀 양육지원을 위해 설립된 탁아소였다. 유치원은 초등학교 취학 이전 유아에게 필요한 교육을 제공하는 것이었던 반면 보육시설은 부모가 직접 자녀를 양육하기 어려운 가정을 지원하기 위한 것이었다. 이와 같이 초기 유치원은 교육과 보육의 개념을 통합하여 이해한 학교기관으로 출발하였고, 반면 보육시설은 부모의 대리양육 지원에서 출발함으로써, 각 기관의 일차적인 목적은 서로 상이하였다.

이와 같이 우리나라 유아교육과 보육 기관은 역사적으로 분리되어 발전해 왔으며, 이러한 경향은 최근까지 두 기관의 정체성에 영향을 주고 있다. 영유아를 대상으로 한 교육과 보육, 그리고 돌봄의 문제는 서로 분리될 수 없는 문제이지만 공식적인 제도로 운영되는 과정에서 대부분 나라에서는 주요 목표나 강조점, 기능 등의 측면에서 서로 다른 경로로 발달해 온 경향이 있다. 그러나 최근 생애초기 연구결과는 물론이고 여성의 사회참여율 증가, 출산율 감소 등의 사회 경제적 요구로 인해 두 기관의 기능은 서로 유사하게 변화되었다. 결국 유치원과 보육시설 어느 기관이든지 영유아의 권리와 발달을 보장할 수 있는 질적 수준의 교육과 보육, 그리고 돌봄 서비스를 필요한 시간 동안 충분히 제공하여야 한다는 통합적 관점의 중요성이 커지고 있다. 이에 유치원은 제5차 유치원교육과정(1998)에서부터 교육운영시간을 다양화함으로써 그동안 1일 3시간 운영체제인 반일제 운영에서 연장제, 종일제 등으로 확대하면서 자녀양육부담 경감을 위한 부모의 요구에 부응하였다. 반면 보육시설은 하루 12시간을 기준으로 운영하는 가운데 유치원과 동일한 누리과정 운영시간을 1일 4~5시간 확보함으로써 보육시설의 교육적 역할을 강화하였다. 이와 같이 유치원은 운영시간을 연장하고, 보육시설은 교육운영시간을 확보함으로써 두 기관의 역할은 유사하게 접근해왔다.

그러나 본격적인 유아교육기관의 역할 변화는 2000년대 이후 나타났다. 미래인적자원 양성의 중요성과 가정의 육아부담 경감에 관한 사회 경제적 요구로 인해 국가지원의 공적 자녀양육지원체계 확립을 촉진하고, 과거에 가정이 전적으로 담당하였던 자녀양육에 대한 책임을 사회와 국가가 분담하도록 하였다. 그 결과 영유아교육 및 보육지원기관은 아동권리 실현을 위한 출발점인 동시에 중요한 가족 지원체계로 자리 잡게 되었다. 이상과 같은 과정을 통해 교육과 보육의 개념은 사회 · 정책 환경과 가족구조 변화에 따른 단순한 자녀양육 지원의 기능에서 벗어나 유아의 교육과 질적 수준의 보육은 물론 신체적, 정서적, 인식론적 차원에서 필요한 돌봄을 지원하는 사회적 책임으로 재정립되었다.

개인적인 차원에서는 자녀양육지원체계를 확립하는 것이고 국가차원에서는 미래인적 자원을 양성하는 중요한 과제를 실현하기 위해 정부는 그동안 서로 다른 목적과 과정으로 발달해 온 유치원과 보육시설을 교육제도 속에서 통합하기 위한 노력을 하고 있다. 1987년 국가교육개혁위원회에서 유치원과 보육시설의 통합방안이 제시된 이후 많은 노력이 지속적으로 이루어졌다. 그러나 이와 관련된 다양한 기관이나 이해당사자들이 많을 뿐만 아니라 이들 간의 요구 충돌로 아직 유치원과 보육시설의 실질적인 통합은 이루어지지 못하고 있다. 유보통합의 문제는 영유아에게 필요한 양질의 교육과 보육 그리고 돌봄 서비스를 제공하기 위해 반드시 필요한 과제이자 유아 공교육체제 구축을 위한 필요요건이다. 지난 30여 년 동안 유보통합에 관한 논쟁만 무성하고 쉽게 해결되지 못한 중요한 이유 중의 하나는 우리나라 유치원과 보육시설이 민간 공급에 주로 의지하여 왔기 때문이기도 하다. 유치원은 교육법상으로는 정규 교육기관인 '학교'로 규정되어 있으나, 설립주체가 정부나 지자체보다 민간자본에 상당부분 의지해 왔다. 보육시설의 경우에도 설립 초기부터 많은 부분 민간자본에 의지해 설립, 운영되어 왔기 때문에 공보육 체제 확립과 유-보 통합의 과정에서 영유아와 부모의 권리도 중요하지만 설립 주체인 이해 당사자들의 수익성 또한 무시할 수 없는 중요한 요인 중의 하나가 되어 왔다.

유치원과 보육시설의 통합은 우리보다 앞서 영유아교육, 보육제도를 개혁한 여러 나라의 정책이나 방향을 고려하되, 무엇보다 영유아의 권리를 가장 중요하게 고려하여 추진되어야 할 것이다. 그동안 유아의 '교육'과 '보육'을 각각 담당해 왔던 유치원과 보육시설의 기능적 분담에서, 향후에는 가장 중요한 수요자인 영유아들에게 어떻게 질적으로 우수한 교육과 보육 그리고 돌봄을 제공할 것인가에 초점을 맞추어 정책 방향을 논의해야 할 것이다. 이러한 과정을 통해 정책 방향이 설정될 때 비로소 미래사회의 다양성과 복합성에 대응할 수 있는 인재를 양성할 수 있는 질 높은 유아교육체계를 만들어 갈 수 있을 것이다. 미래 영유아를 위한 학교는 0~5세 영유아의 권리를 중심에 두고, 배움과 돌봄이 통합된 교육과정을 운영하며, 전문성을 갖춘 교사가 담당하는 체제를 갖추어야 한다. 나아가 영유아-초등기 간 연계, 더 나아가 평생교육체제와의 유기적 연결을 통해 그 교육적 역할과 책임을 명확히 해야 한다.

다시 말하면 유보통합은 아동의 권리를 중심에 둔 교육개혁이며, 이는 단지 행정의 통합이 아닌 새로운 교육적 철학과 체제에 대한 국가적 상상력과 실천 의지를 요구한다. 이 과정은 교육의 존재론적 전환이자, 교육체계 전반을 재구조화하는 도전이다. 따라서 미래의 영유아학교는 단순히 '통합된 기관'을 넘어서, 새로운 교육의 출발점이자 모든 배움과 삶이 시작되는 공적 교육의 장(場)으로 성립되어야 한다. Biesta(2015)는 '교육이란 무엇인가'라는 질문을 '교육은 무엇을 위한 것인가'로 전환해보자고 제안했다. 그의 제안처럼, '유보통합은 무엇을 위한 것인가?', '미래 영유아학교는 무엇을 위한 제도인가?'라는 근본적인 질문은 정책과 실천이 추구해야 할 방향을 제시해 줄 것이다. 본서에서 제안한 유아교육과 보육, 그리고 돌봄의 의미와 이를 담당하는 기관의 정체성에 대한 논의가 학계와 현장 모두에서 확장되기를 바라며, 이것이 영유아의 권리를 실질적으로 보장하는 교육체제의 기초단계로 구축될 수 있는 단초가 되기를 기대한다.

저자약력

권정윤 성신여자대학교 유아교육과 교수

정미라 가천대학교 유아교육학과 명예교수

강수경 가천대학교 유아교육학과 교수

이방실 오산대학교 평생학습학과 교수

유아교육의 본질:
교육과 보육, 돌봄 그리고 학교

1판 1쇄 인쇄 2025년 8월 20일
1판 1쇄 발행 2025년 8월 25일

지 은 이 | 권정윤 정미라 강수경 이방실
발 행 인 | 박철용
발 행 처 | 양서원
주 소 | 경기도 파주시 직지길 522 파주출판도시
전 화 | 031-955-8000(代)
팩 스 | 031-955-8005
홈페이지 | www.yswpub.co.kr
이 메 일 | yswgroup@naver.com
출판등록 | 1987년 11월 24일 제406-2003-037호

ISBN 978-89-994-1599-9

정가 22,000원